U0656004

户外运动产业发展与
人才培养模式研究

李 亮 著

中国海洋大学出版社

·青岛·

图书在版编目（CIP）数据

户外运动产业发展与人才培养模式研究／李亮著
. -- 青岛：中国海洋大学出版社，2023. 10
　ISBN 978-7-5670-3608-6

　Ⅰ. ①户⋯　Ⅱ. ①李⋯　Ⅲ. ①体育运动-体育产业-
产业发展-关系-人才培养-培养模式-研究-中国
Ⅳ. ①G812

中国国家版本馆 CIP 数据核字（2023）第 173858 号

HUWAI YUNDONG CHANYE FAZHAN YU RENCAI PEIYANG MOSHI YANJIU

出版发行	中国海洋大学出版社			
社　　址	青岛市香港东路 23 号		**邮政编码**	266071
网　　址	http：// pub. ouc. edu. cn			
出 版 人	刘文菁			
责任编辑	由元春		**电　　话**	15092283771
电子邮箱	502169838@qq. com			
印　　制	青岛中苑金融安全印刷有限公司			
版　　次	2023 年 10 月第 1 版			
印　　次	2023 年 10 月第 1 次印刷			
成品尺寸	170 mm×240 mm			
印　　张	10. 5			
字　　数	195 千			
印　　数	1～1000			
定　　价	39. 80 元			

发现印装质量问题，请致电 0532-85662115，由印厂负责调换。

前　言

户外运动在 20 世纪 80 年代初传入我国，是融健身性、刺激性、拓展性、挑战性、休闲性为一体的一系列运动的总称。户外运动指在自然场地以及野外等多种户外场地进行的运动。户外运动因为与自然界紧密相连，可以让参与的人在自然界中陶冶情操，并达到户外休闲的目的，而备受人们的青睐。随着户外运动的迅猛发展，高校对户外专业人才的培养也迅速发展起来。

基于此，本书以"户外运动产业发展与人才培养模式研究"为题，共设置六章内容：第一章阐述户外运动及其发展、户外运动产业及其分类、政策对户外运动产业的影响；第二章分析户外运动产业的发展现状、发展机遇与发展前景；第三章论述户外运动法规制度的健全、户外运动健康保健体系的构建、户外运动科学化安全管理；第四章重点研究户外运动人才培养目标与规格、户外运动课程教学理论与组织、户外运动课程体验式教学模式、户外运动不同项目的教学实践；第五章分析户外运动人才的一般培养模式，包括高等院校教育培养模式、户外运动俱乐部培养模式、社会职业技能培训培养模式；第六章探讨户外运动人才特殊培养模式，包括基于 ERG 理论的户外运动人才培养模式、社会需求导向下的户外运动人才培养模式、校企合作人才培养模式——以社会体育指导与管理专业为例。

本书从户外运动相关的基础理论入手，分析户外运动产业的发展，进而拓展到户外运动人才培养的模式分析与实践，兼具理论与实践价值，可供广大相关工作者参考借鉴。

　　笔者在撰写本书的过程中，得到了许多专家学者的帮助和指导，在此表示诚挚的谢意。由于笔者水平有限，书中所涉及的内容难免有疏漏之处，希望各位读者多提宝贵意见，以便进一步修改，使之更加完善。

李　亮

2023 年 6 月

目　录

第一章　户外运动与户外运动产业

第一节　户外运动及其发展

一、户外运动的概念

户外运动是一种新兴的运动休闲方式，是集健身、娱乐、挑战等于一身的运动，受到越来越多人的欢迎。它有助于人们亲近自然、缓解精神压力、增强身体素质和提高生活水平。

（一）广义的户外运动

从广义上对户外运动进行概念界定，可以从户外运动的"户外""运动"这一宽泛的角度进行理解。所谓户外，是指走出家门。如今，可以将户外理解为与城市生活相对立的生活形态。户外运动，顾名思义，就是走出家门在户外环境下开展的运动，这一理解对户外运动的范围界定非常宽泛，并且十分直观。

广义的户外运动不仅仅是一项探险和挑战，更多的是使人放松，在运动中放松身心。简言之，广义的户外运动，是指在户外自然环境中开展的各种体育运动。

（二）狭义的户外运动

狭义的户外运动，是一类专门性的特殊运动，具体是指能被普通大众所理解的，即在自然环境中，通过参与者的自身努力，克服了一定自然条件的局限性、制约性，从而顺利完成的运动。

大众一般认知上的户外运动是户外开展的体育休闲、探险运动的总称，包括登山、露营、穿越、攀岩、蹦极、热气球、溯流、拓展、滑翔、攀冰、潜水、远足、滑雪、漂流、冲浪、滑草、高山速降、自行车、越野山地车、飞行滑索等运动。

通过上述分析，我们可以从以下角度来理解户外运动。

第一，从运动环境来说，户外运动以自然环境和人工建筑物，如公路、桥梁和楼房以及塔等为场地。

第二，从运动参与目的来说，运动者参与户外运动以提高竞技水平和健身为目的。户外运动是不同于旅游的，其本质特征是进行体育运动和冒险。

第三，户外运动是一类体育运动项目群，并非单一的体育运动项目。

二、户外运动的分类

（一）户外运动的分类因素

对户外运动进行分类，应了解户外运动的开展形式与方式，如此才能了解不同户外运动的共性，并在此基础上对户外运动进行科学分类。

现阶段，随着户外运动的发展，户外运动的项目与内容也日渐丰富。结合不同的户外运动形式，可明确户外运动项目的划分。

第一，垂直运动。有垂直的移动，如登山、攀楼、攀岩等。

第二，水平运动。有平面上的移动，如徒步、自行车、穿越、器械运动等。

第三，随机能力。户外运动的开展往往伴随着各种突发事件，因此，进行户外运动需要有随机应变的能力，如野外生存、徒步等。

第四，心理能力。户外运动在户外自然环境中开展，具有挑战性和冒险性，在运动过程中会有重重障碍，要经历许多的困难并克服这些困难才能完成整个运动，因此，要求参与的人做好克服各种障碍的心理准备，如各种生存、穿越项目。

（二）户外运动的项目分类

发展到现在，户外运动的内容丰富，形式多样，根据不同的分类标准可以将户外运动分为多个种类。

1. 根据组织形式和目的性划分

（1）群众性登山户外运动。

（2）探险体验性培训。

（3）探险越野赛。

2. 根据环境特点和技术特点划分

根据运动环境和技术特点，可以将户外运动划分为不同的运动项目，如山地自行车、攀岩、登山、漂流、冲浪、热气球等。

3. 根据运动开展的自然场地划分

根据运动开展的自然场地，户外运动可划分为以下几类。

（1）山地户外运动：①丛林定位与定向、丛林穿越、丛林宿营、丛林急救等；②峡谷溯溪、渡河、漂流等；③岩壁攀岩、岩降、攀冰等；④其他登高活动。

（2）海岛户外运动：①荒岛生存运动，如觅食、觅水、宿营、联络、求援等；②滩涂运动，如滑沙、沙地（上升器）拔河、结绳负重等；③峭壁运动，如海上攀岩、悬崖跳水、溜索等；④近岸水域运动，如木筏环岛、水中滚木等。

（3）荒漠户外运动：①沙漠运动，如沙漠穿越、沙漠生存等；②戈壁运动，如戈壁穿越、戈壁生存等；③荒原运动，如穿越项目、生存项目等。

（4）高原户外运动：①高山探险运动，如登山、高山滑雪等；②高原探险运动，如高原徒步、高原峡谷穿越、江河源头探险。

（5）人工建筑户外运动：①垂向户外运动，如攀楼、攀塔等；②水平户外运动，如自行车公路穿越、公路徒步穿越等。

4. 根据竞技性质划分

从体育竞技的角度来认识户外运动，可以将户外运动按照不同竞技类体育的运动分类，具体包括以下几类。

（1）山地运动：登山、攀岩、攀冰、山地（定点）徒步越野、岩降、器械越野、滑雪等。

（2）峡谷运动：溯溪、溪江、搭绳渡河、山涧漂流等。

（3）野外生存：露营、生存技能、自救互救、救援等。

（4）荒漠运动：荒漠定位与定向、畜力越野、非动力机械越野、徒步越野、信号与联络等。

三、户外运动的特点

（一）自然性

自然性是户外运动的最为显著的特点，运动本身是在自然环境中进行的，这是户外运动自然性的根本表现。

现阶段，社会发展迅速、生活节奏快，在各种压力之下，现代人更加渴望亲近大自然，这使得户外运动成为现代人寻求身心解放、促进身心发展的运动休闲与娱乐活动的首选。

在户外活动参与过程中，运动者在与大自然的接触中，不仅身体能够得到锻炼，还能净化心灵。

（二）探险性

户外自然运动环境使整个户外运动过程受到更多的客观和主观因素的影响和干扰，整个户外运动过程充满了更多的未知性，户外运动的结果也具有不可预估性。正因为如此，户外运动更能激起人们的挑战心理，不同程度的挑战使运动充满探险性。

探险的过程不仅会激发人们的上进心和求知欲，还能挖掘人们的潜能，整个户外运动参与过程可使运动者增强自信心、强化意志品质、提高实用运动技能，使运动者学会更加和谐地与自然、与社会相处。

（三）挑战性

户外运动的探险性与户外运动的挑战性是相辅相成的，正是户外运动中各种冒险性质的运动因素的存在，才使得户外运动的参与对运动者来说具有一定的挑战性。

许多在极端自然环境中开展的户外运动，对户外运动者的人体极限都具有挑战性。户外运动并非一般的比赛，而是需要人们一天、一周甚至更长时间地挑战极限，其对户外运动参与者的挑战是多方面的，具体表现在体能、技能、心理等多个方面。

（四）集体性

户外运动包括多种不同类型的体育运动项目，在这些项目中，很多户外运动项目都是以团队的形式开展，在团队成员的共同努力下完成的，而非一个人进行。户外运动的集体性表现为运动中团队的合作精神。

在户外运动的开展过程中，运动者作为个人融入整个运动团队中，整个运动团队作为一个集体，有了统一的思想和步调，相互帮助，同甘共苦，才能更好地发挥集体的团队精神。

（五）教育性

体育运动有多元教育价值，户外运动作为一类特殊的体育运动也具有重要的教育价值。在户外运动的体验过程中，不仅能学习到许多书本上无法获取的知识，还能使人们的整体素质得到全面提高。如今，挑战体验培训和拓展训练的系统课程已经相继发展起来，并在很多方面发挥着重要作用。

总之，户外运动在人们的身体素质、心理素质、思想道德素质的全面发展和提高上，具有重要意义。

户外运动的重要教育价值也使得越来越多的学校开始重视户外运动。通过开展户外运动、将户外运动引入学校体育教学来促进学生的全面发展。户外运动作为一种新型体育课程，得到了教育界的一致认可。目前，我国开设户外运动相关课程的高校已有百余所，其课程内容主要包括定向越野、拓展、攀岩、野外生存等。

（六）综合性

综合性是指户外运动对运动参与者的运动知识、经验、技能、心理等多方面素质的综合性要求。

户外运动要求参与者不仅要有生活的基本常识，还要有相关的科学基础知识和专门的技术技能以及处理突发情况的快速应变能力。

四、户外运动的价值

（一）户外运动与个人发展

就户外运动参与者而言，户外运动有利于人们的身心健康发展。科学研究表明，长期的户外运动是保持人体健康最简单同时也是最有效的方式之一。

1. 预防心理疾病

经常参加户外体育活动可以降低心理疾病的发病率，使人保持良好的心情，提升人的沟通能力以及与人交往能力，形成良好豁达的个人性格、乐观的生活态度。

2. 降低心脏疾病发生的概率

户外运动可以促进冠状动脉循环，提升心脏的供血量，进而降低血脂，减少心肌缺氧以及心肌缺血情况的发生，保证心脏功能的正常运行，降低各类心脏疾病的发病率。人们在进行户外运动时，心肌细胞会进入高速代谢模式，可以舒张冠状动脉血管，有助于亚健康状态的消除。

3. 调节内分泌系统

长期进行科学的户外运动，可以调节人体内分泌系统，使所需的激素处于正常水平。

4. 缓解疲劳

强度适中的户外运动可以使人的精神状态处于振奋之中，减轻疲劳感，摆脱烦恼。同时，可以通过运动的方式来增加肺活量，调节血压，促进消化吸收。

（二）户外运动与经济发展

就户外运动与经济发展的关系来说，如今户外运动广泛开展，扩大了体育消费市场，带动了相关产业的发展，也给人们的就业提供了机会。

在经济全球化发展的条件下，户外运动已经作为户外运动产业在全世界各地普及并快速发展，逐渐成为全世界最具前景的行业之一。在一些欧美国家，户外运动产业是其支柱性产业之一，具有不可或缺的意义。在我国，户外运动相关产业的形成和发展，从最初主要以销售装备和器材以及代理其他国家的户外运动品牌，到现在逐步形成了包括户外装备制造、户外运动表演竞赛和相关服务培训项目以及旅游业在内的综合性市场，有力推动了经济的发展速度。

户外运动对经济发展具有重要的促进价值，户外运动的开展可实现良好的经济效益。

（三）户外运动与文化发展

就户外运动与文化发展的关系来说，户外运动的开展能在全社会范围内形成一种健康的体育观、生活观，能营造健康的社会文化氛围及文化社会环境，可促进我国体育文化的发展。

（四）户外运动与整个社会的发展

基于上述户外运动对社会各要素的推动作用，户外运动的发展有助于促进整个社会的发展。从某种意义上讲，户外运动是促进社会发展、构建和谐社会的重要手段。

（五）户外运动与自然环境可持续发展

户外运动可有效促进全民健身运动的发展以及人与自然和谐发展。

科学地开展户外运动，帮助户外运动者树立正确的环境观念，有助于环境保护。户外运动中与大自然亲密接触，让人们在体验到回归自然的美好的同时也加强了人们的环境保护意识。环境保护在构建人与人、人与自然和谐共处的和谐社会中有着重要的作用。在野外进行户外运动时，提倡不留垃圾，只留脚印，保持大自然最初的样貌，这是对环境保护做出的积极响应。

当前，在户外运动的开展和户外运动的自然运动环境开发方面，还有许多不够环保的地方。人们参与户外活动，在享受大自然带来的美好的同时，也激发了人们更加珍惜大自然、善待大自然的意识。

五、户外运动的发展历程

（一）户外运动的雏形

户外运动从早期人类社会的生产生活中产生，并随着人类社会的发展，逐渐与人类的基本生存生产活动相脱离，成为一项独立的体育运动。

在早期人类生活中，人们为了满足生存需要，不断开拓发展空间，很多活动都是在户外进行的，并将各种已经习得的户外生存生产经验有意识地总结、传承。例如，在早期艰难的自然环境中，人类为了求得生存，在上山采摘的过程中学到了攀岩和下降的技能；狩猎时发明了路边追踪的方法；在捕鱼和出海的过程中掌握了渡船和潜水的本领。

随着人类社会的持续发展，人类的生产力不断提高，获得生存生产资料的途径和方式开始变得更加便捷、快速和高效，户外运动与生产劳动逐渐分离，成为一项以锻炼身体和磨炼意志为主的户外身体活动形式。

（二）户外运动的形成

户外运动开始作为一项体育运动而存在始于18世纪。这一时期，喜欢探险的欧洲人最先开始在户外进行各种挑战自我的体育运动，这些体育运动得到了一些体育运动爱好者和探险者的关注和重视，登山、攀岩等典型的户外运动项目开始出现，并不断获得新的发展。

18世纪，欧洲的思想得到了空前的解放，这在很大程度上促进了人们实践活动在时间和空间上的发展。随着欧洲自然科学的兴起，一些科学家开始进入山区进行研究。

欧洲思想、经济、科学等各方面的大发展，为户外运动的产生奠定了良好的社会基础。随着思想、经济的发展进步，人们更加渴望去外面的世界探索，户外运动在这一时期应运而生。从平缓而容易到达的山顶到有着相当难度的高峰，在登山的过程中，登山者根据当时的需要，开发了一整套技术。尽管现在看来，当时的登山技术落后、装备简陋，但登山运动作为户外运动中首次被大众认可并积极参与的运动，在户外运动中一直保持着良好的群众基础。

（三）户外运动的发展

1. 世界户外运动的发展

（1）户外运动走进人们的日常生活。户外运动诞生之后，在欧洲广泛流行，并逐渐向世界各地传播，进而形成了全世界范围内以登山热潮为代表的户外运动的快速发展趋势。

户外运动在世界范围内的广泛传播和户外运动自身与人类现实生活的密切关联具有很大的关系。20世纪30年代，户外运动从单纯的体育运动进入人们的现实生活，并作为一项实用性较强的运动存在于人们的生活中。

20世纪30年代，英国的特种突击队为了适应特种地形作战需要，创办了障碍训练科目，并为之后户外运动中的攀岩和野营运动的发展奠定了技术、技能、运动形式的基础。

随着世界范围内经济的不断发展，20世纪40年代后期，人们有了更多进行户外运动的闲余时间、精力和经济基础，这时的户外运动逐渐脱离军事和求生等特点，逐步发展成有其自身魅力和特色的运动项目。户外运动在全球范围内拥有广泛的参与人群，尤其是欧美国家的人们十分热衷于探险和户外锻炼，户外运动已成为重要的体育参与选择，并逐渐渗透到人们的日常生活中，成为主要的娱乐休闲健身方式之一。

（2）户外运动的竞技化发展。户外运动项目的发展时间不长，但是发展迅速。它不仅是各国十分普及的运动项目，还逐步形成了新的体育竞赛运动。

1973年，铁人三项比赛首次出现。马拉松、长距离山地自行车和长距离自然水域游泳三个体育运动项目的竞争十分激烈，由此也看出当时人们对户外运动的热衷。后来，连续参加上述三项体育运动的铁人三项比赛诞生。之后在新西兰，平原和山地铁人比赛也分别出现。

1980年，多项铁人比赛正式创办，包括马拉松、山地自行车、野游、激流皮划艇、山地跑、滑雪。1983年，团队昼夜野外比赛正式在新西兰出现。

1987年，法国记者热拉尔·菲西突发奇想：在陆上开展麦哲伦环球航行历险，这样，更多的人将有机会参与户外运动，这就是越野挑战赛的最初构想。此后，历经两年，以团体参赛，赛程经历数日，并按规定通过数个检查站，不使用任何机械化交通工具的户外运动得以逐渐成形，这是户外运动的野外生存与定向越野首次以竞赛形式走进大众视野。

1989年，国际探险越野赛事首次在新西兰南岛举行，此赛事每年举办一次，分为预赛和决赛两部分。第一部分的预赛要进行8~10次，第二部分的决赛是由预赛优胜者参加。首届莱德加洛伊斯赛，比赛时间定为两个星期，其中有 6 支队伍，是此次大赛参赛的 30 支队伍中最终抵达终点的。此后，类似的户外运动竞赛在全世界范围内广泛开展。2002 年，莱德加洛伊斯赛在中越边境的山脉与森林中举行，其行程长达 1000 千米，最快完成比赛的队伍用了12 天时间。

1993 年，艾科挑战赛诞生，该赛事被媒体报道后引起广泛关注，极大地促进了该赛事的发展，后来在 2004 年因为运作上的困难而停办。

1996 年，一年一届的七星越野挑战赛开始举办。1997 年，在日本七星香烟所属公司的支持下，国际管理集团、群策业务推广公司和普利斯公关公司在中国举办了七星国际越野挑战赛。该赛事在亚洲地区引起了广泛关注，极大地促进了亚洲地区户外运动的发展，可惜的是，2005 年因赛事赞助问题而停办。

2001 年，首届越野挑战赛、世界锦标赛在瑞士举办，这是世界范围内户外运动中的又一项重要赛事。

目前，欧洲每年都举行众多的大型越野挑战赛，也称探险越野赛。同时，在世界各地，每年都有近百个国家举办户外运动相关赛事，比较出名的赛事有欧洲越野锦标赛、世界冠军赛等。在这些赛事中，不仅有职业户外运动选手，也有许多户外运动爱好者。各种户外运动赛事极大地推动了竞技户外运动的发展，同时也对大众的户外运动起到了重要的推动作用。

2. 我国户外运动的发展

（1）我国早期户外运动的发展。我国地域广阔，地理环境复杂，这些自然条件为我国开展户外运动奠定了良好的基础。以我国山体资源为例，位于我国边界线上的有世界著名的喜马拉雅山脉和喀喇昆仑山脉，世界上 14 座海拔8000 米以上的高峰中，有 9 座在我国。我国海拔 1000～3000 米的山更是数不胜数。丰富的山体资源为我国登山、攀岩等户外运动的发展提供了环境基础。

（2）我国现代户外运动的发展。现代户外运动传入我国是在登山史上的"喜马拉雅的黄金时代"。以登山运动为基础，我国现代户外运动才逐渐起步。计划经济时期，我国登山活动由政府组织，一般一次大的登山活动参与人员并不多，不超过 20 人，并将科学考察、创登高纪录作为目标。1957 年 6 月，我国登山运动员第一次独立组队，登上了四川西部海拔 7556 米的贡嘎山顶峰。这是我国登山运动史上的一个重要里程碑。

为了进一步促进和规范我国登山运动的发展，1958 年，我国登山运动协会成立，为我国登山运动的发展提供了必要的组织方面的支持。

此后，随着我国社会经济和体育事业的不断发展，以登山运动为代表，我国户外运动获得了快速的发展。在登山运动方面，我国的登高纪录不断被刷新。慕士塔格山，号称"冰山之父"，中国登山队在 1959 年成功登上其顶峰。

中国登山运动进入世界先进行列的标志是 1960 年我国登山运动员从北坡登上珠穆朗玛峰。20 世纪 70 年代，女子登山运动员向珠穆朗玛峰 8000 米以上高度进军。1975 年，一支包括 10 名女运动员在内的中国登山队登上了珠穆朗玛峰。20 世纪 80 年代，人类登山运动进入了一个新的历史阶段，其标志性事件是中国、日本、尼泊尔三国联合跨越珠穆朗玛峰。1988 年 12 月，中国人远赴海外登山探险有了新突破。中国三位登山家李致新、王勇峰、金庆民（女）同美国登山家联合一举登上了南极文森峰。李致新、王勇峰从 1988 年开始，历经 11 年，成功攀登世界七大洲的最高峰，为我国登山事业做出了卓越的贡献。1993 年，首次全国野外运动研讨会在北京召开，指明了我国户外运动的未来发展方向，并积极推动了我国户外运动的普及。1998 年，第二届全国野外运动研讨会由中国登山协会在昆明召开。

（3）21 世纪以来我国户外运动的发展。进入 21 世纪以来，我国社会经济、文化、体育等各方面都发生了很大的变化，在我国良好的经济、体育形势下，我国户外运动及其相关赛事获得了较快的发展。

2000 年 8 月，长白山全国大学生登山越野挑战赛在中国登山运动管理中心的支持下，由中国登山协会主办，在吉林拉开帷幕。大赛项目包括定向越野、山地跑、露营、岩降等。

2001 年，中国登山协会做了大量户外运动发展的开拓性工作，并提出了服务、引导、规范的方针。此后，山地马拉松赛、国际山地极限运动挑战赛等赛事在我国得到了发展，比赛项目包括多个户外运动项目，如划筏渡湖、溯溪、山地自行车、岩降、器械攀岩、定点穿越等。

2002 年 11 月，浙江德清开展的野外项目比赛，由中国登山协会举办，该比赛增设露营项目。从 2003 年开始，难度更大、技术要求更高、路线更长的中国重庆武隆国际山地越野挑战赛在重庆武隆县（现为武隆区）举办，该赛事由中国登山协会举办，每年举办一次，比赛项目包括山间跑、暗河穿越、山地自行车、漂流、划筏渡湖、岩降、攀岩、溯溪、溜索等。

2003 年 10 月，中国登山协会主办的强度最大的一次比赛，即 2003 年中国九寨天堂山地户外挑战赛在四川举办。该比赛在海拔平均 3000 米的区域开展，赛程总距离超过 170 千米，比赛包括登山、攀岩、黄河逆渡、徒步穿越、自行车、骑马穿越等运动项目。

2005 年 10 月，在新疆帕米尔高原举行"中坤杯"帕米尔高原户外挑战赛，比赛区域从海拔 1300 米至 4300 米，赛程总长约 200 千米，项目包括越野技能、越野跑、登山、划船、滑沙等。

近年来，我国每年都有各种大大小小的户外运动赛事举办，除了上述比赛，还有如江西三清山越野挑战赛、贵州梵净山越野挑战赛等比赛，很多地方都将户外运动赛事的举办与本地的体育、经济发展密切结合起来，实现了户外运动和本地经济的融合与协调发展。一些户外运动赛事的名称与宣传口号也充分说明了地方对发展户外运动赛事的重视，如 2022 年 5 月，在黑龙江省齐齐哈尔市举办的"2022 鹤城之夏"鹤城户外运动挑战赛草原定向越野赛，就是以齐齐哈尔市四季为背景——春之鹤城、夏之鹤城、秋之鹤城、冬之鹤城，将户外运动理念与鹤城特色户外资源进行结合，一年四季都开展，引起了广泛关注。

目前，我国户外运动赛事丰富，涉及各种户外运动项目，这些赛事极大地推动了我国户外运动的发展。为了促进我国户外运动的持续发展，我国自 2007 年开始进行我国第一期中级户外运动指导员培训，这对我国户外运动的发展发挥了极大的促进作用。在户外运动组织发展方面，在我国官方登山组织发展的同时，民间登山组织（队）也在慢慢发展。

此外，各地高校也积极开展户外运动，如中国地质大学本科设有户外运动专业，系统地培养高等户外运动人才。我国近 25% 的高校相继在体育课程教学中增设了户外运动类教学内容，许多高校开设了不同形式的户外运动类课程。高校户外运动的开展，为我国登山运动培养了许多后备运动人才和优秀管理者。

现阶段，我国户外运动以我国良好的体育教育、体育经济为发展背景和基础，呈现出可喜的发展态势。

第二节　户外运动产业及其分类

一、户外运动产业的界定

在对户外运动产业进行界定时，主要考虑因素包括：①户外运动产业的本质是一种经济活动；②户外运动产业是体育产业的一个分支，按照我国产业分类标准，户外运动产业属第三产业，即服务业，因此户外运动产业具有服务属性；③户外运动产业的核心产品及附属产品，核心产品应是户外活动及相关比赛，其他围绕核心产品进行的经济活动都是附属产品。

结合我国 2019 年公布的体育产业分类标准和国内外对户外运动产业的界

定，本书对户外运动产业的界定为：社会各部门提供的与户外运动或户外运动项目比赛有关的一切产品和服务，以及与这些产品和服务相关的所有经营活动的总和。

二、户外运动产业的分类

中国有三大产业，分别是农业（第一产业）、工业（第二产业）和服务业（第三产业）。第一产业主要是指生产食品和其他生物材料的产业，包括种植业、林业、畜牧业、养殖业等直接生产自然物的产业；第二产业主要是指利用自然和第一产业提供的基本物质进行加工的加工制造业；第三产业是指除第一、第二产业以外的其他产业，其范围较广，主要包括交通、通信、商业、餐饮、金融、教育、公共服务等非物质生产部门。

体育产业是指为社会提供各种体育产品（货物和服务）以及相关产品的生产活动的集合。体育产业分为体育管理活动，体育竞赛表演活动，体育健身休闲活动，体育场地和设施管理，体育经纪与代理、广告与会展、表演与设计服务，体育教育与培训，体育传媒与信息服务，其他体育服务，体育用品及相关产品制造，体育用品及相关产品销售、出租与贸易代理和体育场地设施建设等 11 个大类。

户外运动产业是体育产业的分支，既有第二产业的部分，也有第三产业的部分。户外运动产业分为六大类，分别是户外运动管理活动、户外运动竞赛表演活动、户外运动培训与教育、户外运动传媒与信息、户外运动其他相关服务和户外运动用品及相关产品。

第三节　政策对户外运动产业的影响

一、户外运动管理活动的影响分析

国际登山联合会是全球户外运动管理活动的最高机构，中国登山协会于1985 年成为其会员单位。在我国，户外运动组织体系主要包括政府组织、具备营业资质的户外运动组织和民间自发的户外运动组织三个部分。商业户外运动组织是以营利为目的，在各级登山协会和民政、市场监管局等部门备案或取得行政许可的组织，其中以户外运动俱乐部为主。民间户外运动组织主要有户外运动网络社团和学生社团，这些组织数量庞大，由爱好参与户外运动的人群组成，组织活动具有公益性特征。

（一）中国登山协会（登山运动管理中心）去行政化

中国登山协会未来将会与国家体育总局脱钩。根据《关于全面推开行业协会商会与行政机关脱钩改革的实施意见》，中国登山协会已经被列入拟脱钩名单。去行政化改革的主要任务，一是机构分离，取消国家体育总局与中国登山协会的主管关系，中国登山协会依法直接登记、独立运行；二是职能分离，厘清国家体育总局与中国登山协会的职能，剥离中国登山协会现有行政职能；三是资产财务分离，政府取消对中国登山协会的直接财政拨款，通过政府购买服务等方式支持其发展，中国登山协会执行民间非营利组织会计制度；四是人员管理分离，中国登山协会将拥有人事自主权，并全面实行劳动合同制度；五是党建外事等事项分离，脱钩后中国登山协会的党建工作，将由中央和国家机关工作委员会、国务院国资委党委领导。此举将加快转变政府职能，对中国登山协会提升服务水平、健康有序发展、创新管理方式起到重要促进作用。

（二）户外运动俱乐部管理规范化

2019 年，中国登山协会依据《中国登山协会章程》《全民健身计划纲要》和《全民健身条例》对《登山户外运动俱乐部管理办法》进行修订，与之前的试行版相比，一是明确了俱乐部注册和等级评定的时间，中国登山协会在每年的年中和年底集中受理俱乐部的注册申请；二是增加、规范俱乐部权利与义务，增加注册俱乐部"宣传、悬挂由中国登山协会颁发的牌匾和证书"及"参加中国登山协会组织的全国登山户外运动俱乐部会议和相关活动"两项义务，增加 AA 级以上在注册期内俱乐部可享受一人次免费培训，对权利的表述进行规范；三是调整俱乐部注册及等级评定条件，增加俱乐部的注册条件，增加推荐制度，对技术人员人数提出新要求，增加对急救救护人员的人数要求，调整对俱乐部组织活动能力的要求；四是调整俱乐部升降级制度，升级间隔年限增长，增加应当降级与注销的条件。

按照新修订的《登山户外运动俱乐部管理办法》，中国登山协会也将对长期未进行年审工作的俱乐部进行清理。其在《全民健身条例》中指出，山地户外运动俱乐部及从业机构须遵照有关规定进行资质认证，方可开展相关业务。

（三）民间户外运动组织商业化

民间户外运动组织具有组织数量庞大、人员结构复杂、活动种类多样、专业技术人才少和管理方式松散等特点。AA 制民间户外运动组织运作模式，是户外活动爱好者之间自发组织，这种"约伴"的活动形式，依靠的是组织成员之间的相互信任。

商业化民间户外运动组织运作模式，主要以活动报名费和销售户外装备为盈利渠道，组织者在户外网络社群发布活动信息，社群成员采取自愿支付活动费用报名的方式。民间户外运动组织大多分散化、管理无序化、发展方向两极分化。户外组织的发展应该充分发挥官方组织的带头示范作用，规范行业发展标准，控制行业发展门槛，把握行业发展的整体方向；俱乐部组织应该承上启下，充分发挥自身功能，吸收国内外户外活动的优秀之处，提供个性化服务内容，提升服务理念等；个人 AA 制组织，应该加强立法保护，合理安排户外活动风险，落实保险制度，加强专业人才的领队作用，依法取缔不合法的个人组织。

二、户外运动竞赛表演活动的影响分析

体育竞赛表演产业是体育产业的重要组成部分，表现为体育竞赛表演组织者为满足消费者运动竞技观赏的需要，向市场提供各类运动竞技表演产品而开展的一系列经济活动。近年来，随着政策的利好，我国户外运动竞赛表演业得到快速发展，打造出山地自行车国际越野挑战赛、甘肃定西漳县全国攀岩精英赛、环青海湖国际公路自行车赛、重庆武隆国际山地越野挑战赛等经典的户外运动赛事。

（一）山地户外运动赛事体系持续完善

山地户外运动是指在海拔 3500 米以下山区或丘陵进行的，以健身或提高竞技水平为目的的一组集体运动项目群，包括山地运动、峡谷运动、荒漠运动、海岛运动以及新开发的人工建筑物运动。目前，国际通行竞赛项目设置为"3+X"模式。"3"是指越野跑、山地自行车和水上项目，"X"表示各种技能项目以及根据赛事举办地的文化、民俗而设置的特色项目，如根据竞赛场地的地貌地形而设置的溯溪、岩降等项目，或结合当地传统的生产劳动及体育活动而设计的技能项目，如背篓负重跑、踩高跷、弹弓射击、割麦等。

山地户外运动赛事依据竞赛持续时间分为短程疾跑赛、长时连续赛、多日

分段赛、远征探险赛；依据赛道类型分为多日分段型、多日连续型、放射型、组合型；依据赛事规格功能分为国际级、洲际级、国家级、国内区域性赛事等。目前，中国登山协会每年都会与各地政府联合举办一系列赛事，如中国户外健身休闲大会、全国山地户外运动挑战赛、中国户外障碍赛系列赛、中国山地马拉松系列赛、"营地中国"全国青少年户外营地大会、中国体育旅游露营大会、国家登山健身步道联赛、全国户外拓展大赛等。这一完整的赛事体系不仅带动了竞技体育的发展，同时也活跃了体育氛围，通过群众之间的沟通交流，为户外运动人群的拓展与户外运动产业的发展起到了巨大的推动作用。

（二）山地户外运动赛事服务体系不断融合

行业标准是对没有国家标准而又需要在全国某个行业范围内统一的技术要求所制定的标准。目前，我国已经建立起攀岩运动员和登山运动员技术等级标准、登山户外运动俱乐部及相关从业机构技术等级标准和资质认证标准、国家登山健身步道标准，这些标准对于规范户外运动的发展能够起到一定的促进作用。

完善的竞赛规程和竞赛规则对于赛事的顺利开展起着至关重要的作用。竞赛规则是为保证运动竞赛正常进行、维护良好的竞赛秩序而制定的统一规范和准则。目前，山地户外运动竞赛规则主要是由国家体育总局登山运动管理中心在借鉴国际铁人三项竞赛规则基础上制定的。除了山地户外运动竞赛规则，中国登山协会还制定了全国拓展比赛、溯溪、山地竞速项目、滑雪登山项目、山地马拉松赛竞赛的规则，为我国户外运动赛事的发展提供了基本准则。

办好一届体育赛事离不开各方面的支持与配合，技术官员、裁判员是保证竞赛公平、公正进行的主要力量。尽管当前山地户外运动赛事裁判员还存在非职业化、执法经验少、后备力量不足等诸多问题，但中国登山协会已搭建起执行裁判员选拔、培训、考核、注册、评价等流程。

标准化的赛事、精细的竞赛规程、公平公正的竞赛规则与技术裁判人员，为山地户外运动赛事服务体系提供了强有力的保障。

（三）山地户外运动赛事品牌影响力不断加强

创新业余体育赛事的组织方式，开展户外运动赛事，采用分级授权、等级评价等方式，增加赛事种类，合理扩大赛事规模。鼓励各地加强体育赛事品牌创新，培育一批社会影响力大、知名度高的业余精品赛事。

法国人杰拉德·法赛尔（Gerard Fusil）创办的新西兰莱德加洛伊斯赛是世界上最早的山地户外运动赛事。艾科挑战赛被公认为最具影响力的山地户外运动赛事。七星国际户外越野公开赛是我国举办的第一项山地户外赛事。

户外运动赛事分为四类：疾跑探险越野赛、短程探险越野赛、分段探险越野赛、全尺度探险越野赛。随着办赛经验的丰富和赛事水平的提高，在我国举办的山地户外运动赛事的数量和国际影响力也在逐步提升。例如，武隆国际山地户外运动公开赛已成为亚洲规模最大、最具影响力、水平最高的国际户外体育运动赛事。2022 年第十七届武隆国际山地户外运动公开赛的赛事规模也由首届来自 5 个国家和地区的 15 支代表队增加到国内外 50 余支户外运动队。武隆国际山地户外运动公开赛不仅吸引了许多家国内媒体报道，同时也引起了国际社会的高度关注。该赛事带动了当地餐饮、住宿、零售、交通等产业的发展，也为当地财政收入的提高做出了贡献。

三、户外运动培训与教育的影响分析

针对我国户外运动技能和知识的普及程度较低这一问题，《山地户外运动产业发展规划》中指出要加强人才保障。鼓励多方投入，开展各类职业教育和培训。鼓励有条件的高等院校设立山地户外运动产业专业，鼓励高等院校、科研院所、职业培训机构和体育企业建立山地户外运动产业教学、科研和培训基地。加强山地户外运动产业人才培养的国际交流与合作，加快山地户外运动产业智库建设。

户外培训是户外运动产业中的关键一环，当前，我国户外运动培训业在整个户外运动产业中所占的比重相当大。中国登山协会制定了一系列相关政策，如《登山户外运动俱乐部及相关从业机构资质认证准》《高山向导管理暂行规定》《登山户外运动俱乐部及从业机构技术等级标准》等，以此来规范我国户外运动市场和对其从业人员的管理。

山地户外运动培训体系包括登山向导、山地户外救援培训、山地户外军事训练、山地户外医学培训、山地户外风险识别与防控、山地户外求生等内容。

山地户外运动培训主体包括体育局下属运动训练中心、登山协会、高等院校、科研院所、职业培训机构、体育企业等。多数山地户外运动事故是由于缺乏专业人员指导，场地、器材、设备缺少质量认证，组织者不具备服务资质所造成。因此，培养出更多懂户外、爱户外的专业人员，使"安全户外"的理念深入人心，这样才能切实有效地减少户外运动事故的发生。

（一）技术人员培训体系建立

目前我国户外运动人才培养的基本现状，是以中国登山协会培训为核心，高等院校、地方体育机构、户外俱乐部与登山协会联合举办培训班或开展其他

形式的培养模式。中国登山协会培训部每年举办各级各类户外运动技术人员培训数百次，如初级户外、营地、攀岩社会体育指导培训班等。户外运动体育指导员已由中华人民共和国人力资源和社会保障部纳入《国家职业大典》。根据《社会体育指导员国家职业标准》《体育行业特有工种职业资格证书管理办法（试行）》《体育行业特有工种职业技能鉴定实施规程》《体育行业特有工种职业技能鉴定实施办法（试行）》等行业法规文件，山地户外运动人员要想从事这一行业，须取得社会体育指导员国家职业资格认证，户外运动俱乐部的注册与评级也与社会体育指导员的人数和等级挂钩。

（二）运动员技术等级制度建立

根据《国内登山运动管理办法》和《登山运动员技术等级标准》的规定，申请登山项目等级称号必须是在参加不同级别的体育行政部门审批之后，在发放《登山活动许可证》的登山活动中取得登山成绩，登山成绩的确认也必须拥有山峰所在地体育行政部门或中国登山协会发放的登顶（或登高）证明书。运动员是户外运动产业的重要组成部分，高水平的运动员可以提高大众对于户外运动的关注程度。

（三）户外运动专业课程在高校设立

经过多年的发展，户外运动专业从本科培养扩展到了研究生培养，户外运动专业课程设置更加科学，教师的理论与实践水平更加丰富，户外运动人才正在向专业化、正规化、系统化方向发展。目前，已有多所高校开设户外运动类课程，并批准成立了户外运动类社团。户外运动的普及离不开专业人员，高校户外专业学生培养与中国登山协会开设培训班的人才培养模式为我国培养了大量户外专业人才。为了更好地推动我国户外运动培训市场的全面发展和完善，中国登山协会一方面应尽快加大人才培训的力度，另一方面应改善及创新培训模式，结合政策要求，制定出更为有效、合理的培训模式，如授权实力雄厚的户外运动俱乐部独立开展培训业务。

四、户外运动传媒与信息的影响分析

（一）户外运动互联网平台功能愈发齐全

1. 搭建中国登山协会户外运动事故信息平台和培训信息网
户外运动事故信息平台为山地户外运动提供援助平台，收集山地户外运动发生事故的信息，每年都会发布登山户外运动事故报告，形成典型案例，并开展救援研讨活动。培训信息网为广大山地户外运动爱好者和致力于从事户外运动行业的人员提供培训信息，其中包括户外、攀岩、营地、攀冰、高山、救援、扁带等项目内容。

2. 户外运动信息咨询网站内容更加丰富

户外资料网、绿野户外网等专业网站已经涵盖户外知识科普、装备测评、论坛讨论、活动信息等多项内容，为户外运动爱好者提供了专业知识学习、装备购买参考、交流沟通平台、发布活动信息等功能。

3. 户外运动 O2O 模式兴起

受"互联网+"发展的影响，越来越多的户外运动类软件出现手机应用市场中，比较典型的有六只脚、绿野、行者等。例如，绿野 App 已经支持山地户外运动场地预定、运动装备商城、团建定制、论坛社交等功能。

（二）户外运动作品大量传播出版

户外探险家为了记录自己的户外经历，讲述户外故事，采取各种形式表达对户外运动的热爱。

1. 户外运动游记、摄影书籍的出版

《大横断寻找川滇藏》《极限秘境喀喇昆仑摄影笔记》《探险途上的情书》《张梁我在地球边缘》等优秀作品，既能让读者了解户外运动的知识和方法，又能激发读者参与户外运动的热情。

2. 户外运动直播兴起

随着科技的发展与电子产品技术的进步，出现了无人机和运动相机，通过运动相机连接网络，再接入国内直播平台，便可以进行高清直播。

3. 户外运动短视频流行

在抖音和快手等短视频手机软件之中，也出现了很多讲授户外运动知识、分享个人户外运动经历的短视频。

4. 户外运动电影上映

比较经典的户外运动电影有《荒野生存》《垂直极限》《127 小时》《冰峰168 小时》《徒手攀岩》等。

五、户外运动其他相关服务的影响分析

（一）基础设施网络开始打造

《山地户外运动产业发展规划》提出加快场地设施建设，通过完善基础设

施网络、盘活现有场地资源、拓展场地发展空间三项措施来实现目标。国家步道系统、自行车路网也已经纳入各地方政府的规划建设之中。

（二）户外运动安全救援体系愈加健全

《山地户外运动产业发展规划》中指出，通过打造安全急救网络、加强安全信息警示、建立应急救援机制三项举措来健全安全救援体系。中国登山户外运动事故信息平台现已搭建，该平台有 14 个省区市 31 支救援队的联系方式。目前，中国民间救援队以蓝天救援队与绿野救援队为主，依靠志愿者无偿资助、政府对救援服务的行政采购、社会的无偿捐助开展救援任务，对加入救援队的相关人员做出相关要求并进行培训，救援队实行 24 小时值班制度，对救援行动和求助 3 分钟响应、30 分钟根据预判决定是否启动救援，实现国内救援现场 2~4 小时抵达、国际救援 24 小时投送、灾区独立 7×24 小时工作。

六、户外运动用品及相关产品的影响分析

（一）运动装备细分化

户外运动装备主要指参加各种探险旅游及户外活动时需要配置的一些设备。随着时代的转变，人们的生活方式和消费理念也在不断转变，导致户外运动装备消费市场也在从专业化市场向大众化市场转变，运动装备呈现出功能分化、品牌分化、适用人群分化等特点。功能分化，如睡袋，去不同环境户外场所所选睡袋种类也不同，睡袋上标有适用温度，可以根据所去户外温度环境选择适宜的睡袋；再如运动鞋，有登山鞋、溯溪鞋、徒步鞋、攀岩鞋和高山靴等分类。品牌分化，如帐篷，有以轻量化著称的顶级品牌 MSR、性价比较高的牧高笛、大众品牌迪卡侬。适用人群分化，如男女不同款的服饰；再如登山包，有小型背包适用于短距离徒步人群、中型背包适用于长距离徒步穿越人群、大型背包适用于露营等户外活动人群。

（二）中国企业进军户外高端品牌

户外用品行业在中国是一个朝阳产业，随着中国户外运动产业的快速发展，国际知名户外品牌已进入国内市场，在服装、鞋袜和装备三大类户外用品中占据较高的市场份额，这些国际品牌凭借其悠久的发展历史和丰富的行业经验，已被广大消费者所熟知认同。国内户外品牌在过去几年里也有迅猛的发展，2011 年到 2014 年，国内市场中户外品牌数量呈现出快速增长态势；2014 年到

2016 年，无论是中国品牌还是国外品牌，增长都有所放缓；2016 年后，国内市场中户外品牌数量有所减少。2018 年，安踏收购亚玛芬体育，成为继耐克、阿迪达斯之后的全球第三大运动品牌，打破国际户外品牌公司对户外运动品牌的垄断。

第二章 户外运动产业发展现状与展望

第一节 户外运动产业的发展现状

户外运动于 20 世纪 80 年代中期传入我国，从纯官方化转向社会化和民间化则是在 20 世纪 90 年代中后期。"户外运动产业是健身休闲产业的重要组成部分，随着社会公众从实物型消费模式向参与型消费模式的转变，参与户外运动逐渐成为人们推崇的时尚体育消费方式，户外运动产业也随之成为多元化体育产业的重要组成部分。"①

一、户外运动产业的市场人群特点

户外运动产业的发展离不开消费人群，针对我国户外运动参与群体的特点进行研究，可以为户外运动产业市场的分析与发展提供参考，便于开展和实施户外运动产业的政策和市场决策。

（一）户外运动产业市场人群的性别特点

男性和女性在生理、心理和社会特点方面具有明显的差异，这就决定了男性和女性在参与体育运动方面表现出不一样的兴趣爱好、特长发展、运动参与习惯等。

在参与户外运动方面，男性的积极性仍然高于女性。现阶段，在全民健身的背景下，户外运动参与人数持续增多，参与户外运动的女性人数不断增长，但就整个户外运动参与人群来看，男性仍然多于女性。

---

① 温朋飞，王梦花. 户外运动产业发展研究 [J]. 科学大众（科学教育），2018（03）：140.

（二）户外运动产业市场人群的年龄特点

户外运动具有较强的挑战性、冒险性，对运动参与者的体能素质和运动能力有较高的要求，因此，从生理学角度来讲，青壮年人群更加适合参与户外运动。此外，青年人的冒险精神和较轻的生活负担也更能为此类人群参与户外运动起到推动作用。

青年人朝气蓬勃、体能素质好、具有探索和冒险精神，是当前我国户外运动的主要参与群体。此外，随着社会经济的不断发展，全民健身的意识不断提高，中年人参与户外运动的积极性也越来越高。

（三）户外运动产业市场人群的城市分布特点

我国的户外运动主要集中在大中城市开展，究其原因，主要体现在以下两个方面。

第一，户外运动的体育消费需要消费者具有一定的经济基础，高收入者往往集中在大中城市。

第二，户外运动的时间成本较高，大中城市人群的休闲时间与我国农村和小城镇相比更充裕。

户外运动集中在大城市的市场地域需求充分表明了户外运动和城市的发展、经济水平的高低有着密切关系。

（四）户外运动产业市场人群的学历特点

户外运动市场中消费群体的学历与户外运动的认知程度有着密切的关系。一般来说，学历越高的人越能科学认知户外运动的参与对个体发展的促进价值，对户外运动参与的认可程度越高。户外运动的参与群体主要集中在高学历人群中，这一现象也充分说明了户外运动对运动者的综合素质有较高要求，较高学历者能更快、更好地掌握户外运动项目的运动规律、技术特点。

（五）户外运动产业市场人群的职业特点

当前，我国户外运动的主要参与人群是学生，学生群体具有较充足的休闲时间，同时，户外运动是学校体育教育的重要组成部分。当前，学生群体参与的主要是难度系数较小、符合学生特点、运动安全较高的户外运动项目。

此外，我国大众户外运动的主要参与人群是企业管理层、专业技术人员、国企和事业单位员工，这部分人群具有良好的经济基础和充足的休闲时间。

（六）户外运动产业市场人群的收入特点

目前，就我国户外运动产业发展现状来看，户外运动产业的主要消费市场集中在高收入消费人群的细分市场中，这是因为户外运动的一些参与项目，需要消费者投入一定的金钱来购买装备、技术服务。有些户外运动体验和技术服务价格较高，高收入人群在户外运动参与中有更好的物质保证和基础。

二、户外运动产业的市场发展模式

户外运动市场主要包括两部分：①户外运动用品销售市场；②户外运动服务市场。处于初期发展阶段的中国户外运动市场，其服务市场通常依附于销售市场，经常出现一个户外店后面有一个俱乐部的情况，靠俱乐部组织活动为店面做市场推广，带动店面的销售。另外，户外运动的品牌代理与产品的零售也往往没有分开，大多数户外品牌代理商同时也是零售商。

虽然很多户外运动企业还在遵照这种发展模式发展，但是，随着户外运动企业的发展日渐成熟，户外用品销售市场与服务市场分开的趋势日渐明显。一方面，一个俱乐部的成员往往满足不了日益扩大的店面销售需求，零售店必须通过其他途径来增加自己的客流量和销售量，如媒体宣传、赞助户外活动等形式；另一方面，随着户外人群的扩大、户外活动方式的日渐多样化，俱乐部的活动方式也不再仅仅局限于网友之间的活动组织，也开始尝试一些新的服务产品，如企业拓展以及其他类似的户外专业活动，逐渐从活动、企业合作等多方面寻求发展。

另外，户外产品代理商和零售商也开始分开。从销售渠道看，产品代理商和零售商是两个完全不同的市场角色，需要承担的责任和面对的用户群体也有很大区别。产品代理商是针对经销商，需要建设渠道，推广品牌；零售商是针对最终消费者，负责产品的具体销售。

三、户外运动产业区域发展

（一）户外资源分布规律

第一，自然资源主要分布在中国三大地形阶梯的过渡地区和沿海地区。在第一阶梯和第二阶梯的交替区域，主要的风景名胜有敦煌石窟、九寨沟、剑门蜀道、都江堰、玉龙雪山、三江并流区、西双版纳等；在第二阶梯和第三阶梯的过渡区，主要有五大连池、八达岭、恒山、嵩山、武当山、长江三峡、神农架、漓江等景区；而在第三阶梯向沿海过渡区，主要有松花江、鸭绿江、泰山、黄山、胶东半岛海滨、武夷山、千岛湖等景区。同时，我国的海岸线及其附近海域也有丰富的旅游资源。

第二，三大纬向构造带是户外自然资源的富集区。我国由北向南，大约每隔 8 个纬度，三大纬向构造带上就有丰富的自然资源分布。北边的自然资源有天山天池、吐鲁番、长城、北戴河；居中的主要自然资源有昆仑山、祁连山、华山、武当山；南边的自然资源是南岭，著名的景区如丹霞山。而国家级的自然保护区、森林公园、风景名胜区等更是多分布在三大纬向构造带上，如吉林的长白山、浙江的天目山、四川的九寨沟等。

（二）户外运动产业区域发展情况

1. 东部地区

东部经济发达地区，如长三角、珠三角及其他经济发达城市，参与户外运动的人数远远高于中西部地区。户外运动爱好者具有高收入、高学历、年轻化的趋势。我国东部经济发达地区，教育资源优越，拥有众多高校，科学教育水平高，高学历人才云集，这正好符合了户外爱好者高学历化的特点；东部地区人均可支配收入较高，从经济上保证了人们有更多的资金投入户外运动中。快节奏的城市生活，使得都市白领更希望逃离喧嚣浮躁的大都市，走进大自然，释放压力，挑战自我。因此，东部经济发达地区是我国户外运动爱好者的主要聚集地，拥有广阔的市场。

我国东部地区以平原和丘陵为主，而户外运动爱好者所向往的雄伟壮丽的高山、波澜壮阔的河流、广袤无垠的沙漠等都集中在中西部地区，所以东部沿海地区主要是水上运动的发展区域。从这个角度来说，东部地区的户外运动资源相对于中西部地区来说是相当匮乏的。

2. 中西部地区

我国中西部地区自然资源丰富，尤其是西部地区。西北地区有大漠孤烟、冰川雪原、河西走廊、丝绸之路等丰富的户外资源，西南地区则集中了民族风情、山水风光、岩溶等自然风光。以"天府之国"四川省为例，其地处长江上游，汇集了汉族、彝族、藏族、苗族、回族等不同民族，山地和高原占其总面积的 78.82%，川西为高原，其余为四川盆地，川西高原的气候垂直分布现象明显，被称为"十里不同天"，其旅游资源、山水名胜、文物古迹、民族风情兼备，著名的户外资源和景观有峨眉山、乐山、九寨沟黄龙、康定、海螺沟、都江堰等。因此，四川是众多户外爱好者所向往的地方。青藏高原则汇聚了雪域高原、草原风光等具有户外探险价值的资源，是热门的户外运动目的地。爱好户外的年轻人，通常喜欢在假期背上行囊，到这些地方参与户外运动，享受征服大自然的乐趣。由于中西部地区经济发展相对滞后，与其丰富的自然资源拥有量相比，该地区参加户外运动的人数要明显少于东部经济发达地区，呈现出有资源、缺市场的特点。

四、户外运动产业机构的发展

（一）官方机构——以中国登山协会为例

中国登山协会是中华人民共和国组织、管理和推进登山运动的唯一的全国性机构，自其成立以来组织过数十次在国内外有重大影响的高山探险活动，是目前国内最大的户外运动协会。近年来，中国登山协会十分重视群众登山运动的开展，先后组织了多次国际及国内大型活动。这些活动的开展，对中国登山运动的发展、全面健身计划的实施以及国际登山界的交流都起到了积极的作用。

中国登山协会是具有一定行政能力的行政部门，有专门的部门对户外运动进行管理。根据《中国登山协会登山户外运动俱乐部管理办法》规定，中国登山协会和各俱乐部之间是业务指导关系，因此，中国登山协会对整个户外行业的发展、俱乐部的运营、户外活动的规范都具有重要的指导作用。

（二）民间机构——以三夫户外为例

1998 年，三夫户外运动俱乐部（以下简称"三夫户外"）注册成立。三夫户外的成立标志着我国户外组织从官方到民间的过渡。三夫户外总部设于北京，在北京、上海、深圳、南京、杭州、沈阳、长春等核心城市，拥有一流水准的户外专营店，代理经营国内外多个专业户外运动品牌。1999 年，三夫户外运动网站开通，从最初只有简单的产品介绍，逐渐发展为集电子商务、户外运动、教育培训、论坛社区、户外知识和户外产品等为一体的综合性网站，颇受大众欢迎，成为国内人气最旺的户外网站之一。三夫户外品牌连续多年被中国登山协会授予"全国十佳户外运动俱乐部"的称号，被中国纺织品商业协会评为"中国名店"。三夫户外开创了"专营店+俱乐部+网站"三位一体的商业模式，实践证明，这是颇为成功的经营模式，深受业界同行好评，这也成为目前户外行业普遍适用的模式。户外用品连锁专营店是三夫户外的核心业务和主要收入来源，三夫户外在连锁专营店的经营中也颇为成功。

会员俱乐部是三夫户外开展活动、聚集人气、推广品牌的重要管理手段。三夫户外经常推出登山、攀岩、定向越野、自行车、溯溪、徒步、露营、篝火晚会、抢滩登陆等各具特色的户外活动，这些户外运动爱好者因俱乐部集结，在专业领队的带领下，走进大自然，体验户外运动的惊险与刺激，共同探讨和交流户外体验与感受。三夫户外还会定期组织户外知识、技能的教育培训，通过聘请户外专家达到专业的培训效果。此外，为了给消费者提供便利，三夫户外还提供户外设备租赁服务。三夫户外网站的主要服务是网上商城、产品信息发布、活动通告、论坛。三夫户外不仅专注于户外实体专营店，还努力尝试新的销售方式，通过网络营销，拓宽销售渠道。户外运动爱好者通过浏览网站的产品信息发布、活动通告等，全面及时地了解户外相关信息，同时，人们还可以通过论坛的方式在线交流，分享心得，畅聊感受。

五、户外运动人才的发展

就我国体育产业的整体发展来看，与其他体育产业相比，我国对户外运动产业的投入相对较少。现阶段，政府部门应加大对户外运动的资金投入，改革户外运动人才的培养机制，加大户外运动人才的培养力度。

户外运动产业的发展离不开专业人才、优质人才的参与。当前专业人才稀缺是制约户外运动产业发展的一个重要因素和客观事实。因此，必须围绕户外运动产业发展需求，重视人才培育。

我们应重视以下四种户外运动专业人才的培养。

第一，户外运动企业管理者、营销者。

第二，户外运动竞技运动员、户外运动表演人才。

第三，户外运动旅游业导游、技术指导员。

第四，户外运动技术指导员、医务人员及其他服务人员。

六、户外运动与旅游市场的融合

随着人们对更健康、更自然、更个性化的生活方式的追求，户外运动和自助旅游将会逐步发展成为旅游的主体方式，占据旅游市场的较大份额。当然，从某一方面来讲，户外运动的发展很有可能对旅游市场形成冲击，它的普及将会改变很多人出游的形式。

第二节　户外运动产业的发展机遇

一、户外运动产业发展的政策机遇

随着供给侧结构性改革的不断深入，在"健康中国""全民健身"等国家战略实施的背景下，产业政策支持和基础设施建设持续推进，户外运动产业的发展具有很强的辐射作用，能够有效带动其他产业的发展。户外运动产业所蕴含的巨大经济价值突显，同时也有政策支撑，很多企业也开始纷纷涉足户外运动行业。2014 年国务院下发《关于加快发展体育产业促进体育消费的若干意见》，明确提出 2025 年体育产业总规模超过 5 万亿元，户外运动的比重将会越来越大。此后，国家体育总局先后颁布了《山地户外运动产业发展规划》《汽车自驾运动营地发展规划》《航空运动产业发展规划》《水上运动产业发展规划》《马拉松运动产业发展规划》等文件，为我国户外运动产业的发展指明了方向。

二、户外运动产业发展的科技机遇

随着科技的不断进步，户外运动装备的科技含量不断增强，在软、硬件方面也为户外运动爱好者提供了强有力的科技支撑。户外装备里科技含量较高的当数户外运动手表，多数户外运动手表具有测量温度、海拔高度、心率和 GPS 记录等功能。在软件方面，有"行者""六只脚""Keep"和"悦跑圈"等手机软件，为户外运动爱好者提供搜索、定位、导航、记录和分享等功能。

第三节　户外运动产业的发展前景

一、户外运动产业的发展趋势及展望

（一）户外运动产业的发展趋势

"户外运动的发展是先有市场后有产业，是消费者推动户外运动用具和其他服务行业的发展，是一个高门槛、专业性很强的行业。"①

1. 区域合作加强

通过我国户外运动区域发展的情况可以看出，加强区域之间的合作，可以整合各方面资源，达到双赢的效果。东部地区的俱乐部会员比较多，他们通常把目光瞄准外省市的路线和风景，但陌生路线的开发需要投入高昂的成本，一般的俱乐部难以承受，这时便可以通过和外省的俱乐部合作，共同组织户外活动。这样，一方面，保证了参与户外运动的人数；另一方面，由于每个地方的俱乐部对当地的路线都是较为熟知的，因此对行程的安排也会更加全面和到位。加强俱乐部之间的联系，扩大区域合作，共享资源，打造俱乐部的品牌效应，势必会成为俱乐部的发展趋势。

2. 网络媒体力量凸显

目前，户外方面专业的线下杂志有《山野》《户外探险》《驴友家族》《户外生活》等，这些杂志在一定程度上对户外运动的发展起到了推动的作用。但当下人们更喜欢通过网络获取资讯，因此，一系列的户外网站应运而生，户外资料网、绿野、户外时代等专业网站以及各种以户外为主题的论坛、贴吧等都呈现出爆炸式增长。

3. 户外拓展成为重要盈利模式

户外拓展是近些年来户外行业新的盈利模式。拓展培训是在户外进行的以磨炼意志、激发潜能、完善人格为主要目的活动，面对的大多是企业客户，由于企业客户与个人客户不一样，他们对价格并不是很敏感，更看重培训的效果。目前，这种新兴的培训模式颇受企业青睐，具有广阔的市场前景。

---

① 张勇，王钰，胡好，等. 中国户外运动发展的历史及趋势［J］. 商丘师范学院学报，2017，33（03）：90.

4. 汽车露营和房车渐行其道

随着我国私家车的普及，汽车和户外的结合更加紧密，有车一族把车开到野外，然后背包徒步或者参加其他的户外项目，这将成为一大趋势。汽车露营也成为目前人们较为热衷的度假方式。汽车大大增加了出行的灵活性，人们将汽车和户外有机结合，使户外运动的参与变得更为方便。

5. 户外运动由小众变大众

户外运动具有锻炼身体、缓解压力、愉悦心情、扩大视野的功能，越来越成为人们日常生活中不可缺少的一部分，很多人开始把户外运动当成自己的爱好。而蓬勃发展的户外俱乐部又为户外运动爱好者提供了可以依附的组织，户外运动用品市场的发展为人们的消费提供了更多、更好的选择，户外运动正由小众的爱好逐渐变成大众的选择。

(二) 户外运动休闲产业化的商业发展模式

作为一种生活休闲方式的户外运动休闲产业，能否从小众活动，转化为大众化的消费活动，并形成一定规模的产业，已经成为旅游业界关注的焦点。

1. 从户外运动比赛到户外休闲产业

从户外运动到户外休闲产业，形成了户外运动、户外运动比赛、户外运动休闲、泛户外运动休闲、户外休闲产业等不同的概念。

户外运动是以自然环境为场地，带有探险性质或体验探险性质的体育活动项目群。早期的户外运动实质上是一种生存手段。今天的户外运动，是有组织地进行的活动，因为其具有不同程度的挑战性和探险性，对身体、意志有较高的要求，因此，户外活动仍然是一个小众化的团体活动。

户外运动比赛是竞技层面的有效提升，富有示范性和观赏性，这使得户外运动通过媒体传播吸引观众，大众通过观赏与娱乐，参与到比赛中来。

户外运动休闲指以户外运动为基础开展的休闲活动，其目标为大众群体，因此，其运动内容的技术要求较低、体能考验不严、运动量不过大、探险性与挑战性不高，一般通过组织形成团队性活动。户外运动休闲的体育属性比较模糊，旅游休闲属性更明确。

泛户外运动休闲指的是相对脱离技术要求限制的户外活动以及由此形成的户外休闲的多种方式。

户外休闲的高速发展已经形成了产业，即户外休闲产业。我们从三个角度来分类这一产业：①从社会时尚领域的角度来看，耐克、李宁等运动休闲服装产业，就是休闲装备产业的外延化产业；②从体育人士的角度来看，户外运动产业是体育产业，该产业以媒体传播形成观赏效应，由赞助商支撑，如户外运动比赛、登山比赛、探险挑战极限的活动等；③以户外运动休闲方式形成的旅游休闲产业，这一产业是以旅游的模式进行运营的，包括滑雪、滑草、溜索、漂流等。

传统的基于挑战性和探险性的户外运动是少数人才能参加的活动，因为活动的难度与强度较大，在年龄和心理上对参与者都有特殊的要求。参与者须具备健壮的身体、健康的心理素质，无形之中为户外运动大众化设了一道门槛，造成户外运动大众化产品具有一定的推广难度。而泛户外运动是大众都能参与的活动，需要为大众提供参与的平台，与传统的户外运动相比其在运动项目的难度和强度上都有所降低，以此来加强对大众的吸引力和满足安全性的要求。

2. 漂流旅游已经进入大众时代

漂流逐渐商业化还是近年来的事情，目前的漂流旅游已经进入大众时代。国内已有百余家各类从事或包含漂流项目的景区，当前漂流旅游的质量也已经得到较大幅度的提升，从 10 岁儿童到 60 岁的老人均可以参与，而且安全系数高。

漂流项目之所以如此火爆，究其原因主要有两方面：一是亲水的独特魅力，二是漂流的游乐刺激。亲水运动项目是夏季旅游的最大卖点，可以达到凉爽、舒适的效果；而且漂流的刺激性强度适中，迎合了大众化消费的口味。

3. 户外运动休闲的产业化发展模式

探索户外运动的休闲产业发展模式，可以从两方面着手：一是从户外休闲装备出发形成时尚休闲产品与产业化；二是从户外运动场所的角度形成休闲旅游项目与产业化。

（1）围绕户外装备形成的时尚休闲产品与产业化发展模式。将户外装备延伸到大众化的休闲产品并形成产业，是在户外休闲的基础上又将其向外延伸。

（2）围绕户外运动场所形成的休闲旅游项目与产业化发展模式。户外运动场所形成的休闲旅游项目包括多种类型的产品，主要有四种，即工具租赁型、时段消费型、门票型、带动消费型。不同类型产品的收益方式的侧重点不同，不同的旅游休闲场所采取不同的产品设计方式。户外运动休闲产业化则分三个方面：由内到外，由小到大，从道具到休闲整合。由此形成了不同的产业化方向。道具产业化形成了户外运动装备与服装产业的主流；户外运动休闲项目景区化发展，形成旅游休闲产业化模式；户外运动休闲的系统整合，形成了户外休闲生活方式。

（3）户外运动休闲项目的设计。户外运动休闲想要达到产业化目标，需要从产品的具体角度出发进行设计，包括游憩方式设计、收入模式设计、运营模式设计三个方面。

4. 从旅游领域解读户外运动休闲产业

按照运动休闲产业在旅游开发和运营中的作用，初步分四类进行讨论：支撑类、提升类、营销类、服务类。

（1）支撑类。可独立支撑运动休闲区或旅游区的运动休闲项目，如海滨浴场、滑雪场、高尔夫球场、自然流域漂流、游泳馆、射击场、野战阵地、溜冰场、滑沙场、滑草场、山地自行车、跑马场、骑术俱乐部、游艇俱乐部、滑翔伞俱乐部、山野运动基地等支撑类项目，形成了休闲运动中的"大四项""六基地""中七项"。

第一，"大四项"。"大四项"是指海滨浴场、滑雪、漂流、高尔夫球。

海（湖、河）滨浴场是最大型、最重要的休闲运动场所，包含了游泳、水上运动、沙滩运动等多种运动。

滑雪作为重要的冬季休闲运动形式，已经开始呈现出巨大的影响力，尤其是近年来，滑雪场如雨后春笋般在全国各地出现，滑雪市场一片火热。以滑雪为支撑，很多滑雪场及其所在的城市已经成为周边区域的冬季旅游目的地。

漂流正在从小众向大众转变，是当前增长速度最快的休闲运动项目。

高尔夫球场占地大、投资高、配套要求高，正在成为高端休闲的代表。

第二，"六基地"。"六基地"指骑术俱乐部、游艇俱乐部、海钓俱乐部、滑翔伞俱乐部、飞行俱乐部、山野运动俱乐部，是高端运动项目的民间组织方式，其运动基地已经成为休闲区开发的重要配置。

第三，"中七项"。"中七项"指滑沙场、滑草场、野战阵地、山地自行车、跑马场、钓鱼场、拓展营，是大众型山野休闲运动项目的主体。

（2）提升类。提升类能够大幅度提升旅游区或者旅游区域的运动休闲内容，往往是一系列同类型或互相呼应的项目的总和。例如，各类户外运动对山野景区的提升、各种水上游乐运动对滨水景区的提升、康体娱乐中心对酒店度假村的促进、高尔夫练习场等高档运动场所对高档旅游地产项目的提升等。在考虑该类内容的时候，需要把着眼点放在休闲和服务上。

（3）营销类。通过营销类运动休闲内容，可大幅度提升旅游区和旅游区域的知名度和美誉度，最终吸引庞大的客源。长期、稳定的营销活动本身也是一种有效的旅游盈利模式，如大型赛事的自主策划和承办、体育节庆类活动的策划等。奥运会、世界杯、NBA、F1赛车、环球帆船赛等世界知名的赛事，一般都能让举办地收获颇丰，甚至产生一些游览点。这种例子国内也不鲜见，如重庆市武隆区每年都会举办的户外越野挑战赛。

（4）服务类。服务类主要指满足游客和居民的运动休闲需要，以服务性为主的运动休闲内容，如目前国内常见的小区健身运动器械区、公园和城市绿地的健身场所和活动组织等。

5. 特定区域的运动休闲项目开发

（1）草原地区：适宜开展赛马及马术等相关活动，摔跤、射箭等相关运动，那达慕等蒙古传统民俗体育节庆，以及滑草、草地摩托、草地滚球等现代时尚运动。

（2）森林地带：适宜开展森林野战、森林氧吧氧浴、森林探险、越野滑雪、丛林穿越、丛林溯溪、露营、骑马等运动休闲项目。

（3）沙漠戈壁：适宜开展徒步、滑沙、沙漠探险、沙漠摩托、沙漠赛车、沙浴、骑骆驼等相关运动休闲项目。

（4）海岸地区：适宜开展游泳、游艇、潜水、水上摩托艇、滑水、赛艇、帆船、帆板冲浪、皮划艇、滑沙入海、沙滩排球、深海潜水、帆伞、浮潜、水球、水上自行车等游乐性运动，出海打鱼、航海等体验类游玩运动，水上运动节、大型水上运动类赛事等赛事节庆活动，以及和当地民俗结合的民俗类水上运动。

（5）湖泊河流：可以开展各类水上游乐和体育赛事、节庆类活动。此外，还可开展漂流、溜索过河、溯溪、溪降等水上运动，以及赛龙舟、放竹筏等民俗运动和相关的节庆活动。

（6）峡谷岩洞：适宜开展探洞、峡谷探幽、徒步、攀岩，速降，定向越野等运动休闲项目。

（7）山川：适宜开展爬山、攀岩、定向越野、攀冰、滑雪等休闲运动项目。

（8）湿地：适宜开展观鸟、生态湿地观赏、划船、叉鱼、摸鱼等休闲运动项目。

（9）田野乡村：适宜开展农业采摘、露营等休闲运动项目，以及一些民俗类的运动项目和节庆活动，如跳竹杠等。

（10）城市公园：适宜开展健身锻炼、太极拳等武术运动、球类活动、公园定向、滚轴、滑板、人工攀岩等运动休闲项目。

二、户外运动产品的技术创新与发展趋势

近些年，随着国内运动健康理念的流行，户外运动的概念越来越为大众所关注和接受。户外运动的发展史最早可追溯至 18 世纪欧美早期的探险和科学考察活动。当时的登山者，为了克服终年积雪的冰岩地形，探索出一整套技能，只是彼时无论在技术上还是装备上都还相当简陋。一直到 20 世纪 40 年代前后，为了适应特种地形作战需求，军队开始发展这些技术，攀岩和野营才初现雏形。20世纪70年代以后，分类的体育项目才真正形成。这些项目的历史虽然很短，但在后面几十年中已经发展成为发达国家中较为普及的运动。中国的户外运动可以追溯到400年前的徐霞客时代，但并没有大规模的发展。20世纪末开始有户外运动爱好者积极倡导户外运动，同时国内的户外品牌也逐渐发展起来，户外俱乐部和网站组织快速成长，渐渐形成了登山、徒步、露营、旅行等几个大类的户外活动形式。随着大众的参与，一些小的项目也越来越热门，如滑雪、钓鱼、骑行、自驾、溯溪、越野、探洞、攀岩、抱石、潜水等，而且对户外产品，如户外服装、鞋品、装备的需求也越来越高，越来越多样化。

随着国内经济和服装行业的蓬勃发展，户外运动品牌如雨后春笋般涌现。然而，随着市场竞争的深入，很多品牌缺乏核心竞争力的问题开始显现，导致产品逐渐走向同质化，品牌利润随之降低。如何实现品牌的差异化，提升品牌的价值与附加值，成为很多户外运动品牌面临的现实问题。

在诸多决定品牌成败的因素中，产品本身无疑是最关键的。相比于一般的服装类产品，户外用品更强调功能性与实用性，因此户外运动产品更需要加强对产品研发与技术创新的重视。

（一）户外运动产品的创新研发类型

户外运动产品结合了最新的功能性产品特征与最为传统的纺织服装行业特征，所以其科技创新的模式在不同的企业和不同的时间呈现出不同的形式。

1. 专业研发型

一般集中在大型制造企业，企业内部具有强大的研发能力，有明确的长、中、短期的研发目标。

2. 自主创新型

一般是以技术创新为核心的创新型企业，在户外品牌刚刚兴起时，大多数户外品牌企业都属于这一类企业。这类企业规模并不大，有一批专业人士从事创新研发，多数是专注一个领域。

3. 合作平台型

大多数近几年成长起来的国内品牌都属于合作平台型，有一定的自主研发能力，但多数还是依靠与其他单位合作。李宁公司是这一类企业的代表。

4. 客户导向综合型

客户导向综合型是对户外运动产品企业——探路者的研发体系的定义，此类研发是基于上述自主创新型和合作平台型研发的创新和发展。其更关注消费者和客户的需求，具有自主创新的能力，同时以多种形式与合作单位合作，推动科技研发的发展。此类研发最大的优势是具有自主科技研发能力，可最大程度地整合行业资源，符合"互联网+"时代的研发需求。

（二）户外运动产品的技术创新要求与技术方向

下面以探路者品牌为例，分析户外运动产品的技术创新要求与技术方向。

1. 户外运动产品的技术创新要求

经过长期在技术创新研发模式方面的研究，可以看出户外产品行业的特征：以应对全天候的环境为目标，产出满足消费者需求的功能性产品。所以，明确技术创新的目标和要求非常关键，这也是创新研发取得成绩并得到消费者认可的重要因素。探路者在产品研发方面，符合以下四个目标，即产品的科技属性。

（1）物有所值。产品一定要符合品牌定位与市场需求，有较高的性价比，消费者可以体验到的技术才是优秀的技术。

（2）具有差异性。差异化是创新中不变的话题，产品要具备市场竞争力。

（3）具有吸引力。科技要可视、可感受，要使终端用户能够实际感知到产品的特点和优势。

（4）继承性。要将一个项目作为一个可持续拓展的研发方向，保持长久战略，才能深入人心并重点突破。

2. 户外运动产品的技术创新方向

（1）以市场需求、消费者诉求为导向。一个产品的成功，源于对市场需求的满足，只有深入挖掘和了解用户的实际需求，将问题的解决方案融入产品设计中，才有可能成功。对于市场需求，可以采取以下渠道获取信息。

首先，与国内外优秀的行业领袖合作，由其根据自身的经历与经验，提出对产品的设想，同时根据其在专业运动中实际使用产品的情况，提出专业的改进建议。例如，探路者与中国南北极考察队以及新西兰登山家 Russell Brice 的合作，对完善自身产品起到了重要作用。

其次，通过组织和参加系列户外运动团体的活动，深入了解和掌握用户的第一手资料，同时利用线上论坛、微信等全新互联网形式，对用户反馈的意见和建议进行快速收集与整理。探路者旗下的"绿野户外网""野玩儿""户外科技"公众号便是其中的代表。

最后，主动出击，通过门店调研、参加国内外展会和会议等方式了解市场动向。

（2）确认总体创新方向，做好根基，以软、硬件实力为支撑。为了更好地做出有科技含量的产品，探路者提出了四个创新的方向，以有效地打好根基：建设横向研发平台，积极联合业界、大学及技术供货商共同开展科研项目；发展应用科研以及户外产品科技，形成专有技术；发展内部科技支持平台，完善测试系统及实验室体系，提供技术支援；制定相关产品的企业标准，并促进引导行业标准、国家标准的制定。

早在 2008 年，探路者便提出发展内部科技支持平台，完善测试系统及实验室体系，为各事业部提供技术支持的发展方向。以实验室为例，探路者将持续打造户外行业顶级实验室作为目标，在 2008～2012 年间，实验室先后进行了三次升级，面积从 28 平方米扩充到 310 平方米；各类检测设备也扩充至近80 台，可进行拉伸断裂强力、拉链负荷拉次、透湿性、抗起毛起球性、耐磨性、防钻绒性、表面抗湿性、耐摩擦色牢度、耐低温测试等 100 余项检测；尤其是−70℃低温模拟人体实验室，可模拟南北极等极端环境，以进行睡袋、羽绒服、耐寒鞋等专业户外用品测试。除了硬件设施的提升外，探路者还积极参与相关国家、行业标准制修订工作，引领行业向前发展的同时，增强企业的软实力。多年来，探路者参与修订了包括《户外运动服装冲锋衣》《针织摇粒绒》《野营帐篷》《针织专业运动服装通用技术要求》《针织复合服用面料》等在内的 27 项国家及行业标准。

（3）创新极地仿生科技平台，发展核心科技。科技研发的核心应既能体现企业科技的发展方向，又能深入消费者体现消费需求。户外运动本身是一项贴近自然的运动，同时又是一项具有挑战的运动。因此，探路者以自然、环保为核心科技，推出了极地仿生科技。极地仿生科技以取之自然、用之自然为仿生灵感，汲取自然生物在形态、结构、特质、功能等方面优异的进化特征，结合产品概念进行研发与设计创新，并运用高科技仿生技术，为户外运动提供安全、舒适的体验。

实际上，即便是同一产品，面对不同市场时，由于用户使用习惯与环境的不同，对产品本身的要求也会大相径庭，这些都会对研发方向产生直接影响，因此前期需求调研要尽可能地深入和全面。

（三）户外运动产品的创新发展趋势

由户外运动产品的创新目标、方向以及创新实例可知，无论户外运动产品和技术如何发展，其满足消费者需求、以客户为导向进行综合性研发的宗旨是不变的。做到以安全为基础的舒适性、以顶尖科技创新为载体的专业性、符合美学趋势的时尚性，做到追求科技领先，为客户提供安全舒适的户外装备，一直是户外运动产品创新研发的本职工作。基于户外产品和消费者生活习惯的变化，户外运动产品的发展趋势将主要体现在以下四个方面。

1. 高端产品更加专业化

各运动分类更加清晰，高端客户更加需要基于运动和不同场景的专业化产品。

2. 功能产品更加时尚化

功能产品时尚化也可以理解为时尚产品的功能化。

3. 冬奥经济，滑雪产品现活力

随着 2022 年北京冬奥会的圆满举办，滑雪运动越来越受到人们的青睐，滑雪产品也出现了上升的势头。因此布局滑雪产业，将是户外运动产品的又一发展趋势。

4. 户外跑步产品火热

随着马拉松、越野跑越来越火热，基于这项运动的配套专业产品将成为各个品牌布局的一个重要方面。

户外运动产品承载了传统服装和功能产品的创新，是一个朝阳行业，前景广阔。只有不断深入探讨户外产品技术创新的方式、方法，研发出更适合消费者需求的产品，才能让"中国制造"向"中国智造"发展，让民族品牌可以成为世界品牌。

第三章 户外运动体系的科学构建与发展

第一节 户外运动法规制度的健全

"我国地形地貌的多样性、复杂性，为户外运动的开展提供了良好的基础条件。"[①] 在当前"阳光体育"和"全民健身"理念的号召下，我国户外运动的规模越来越大，但由于户外运动与其他体育运动的开展环境、开展方式方法不同，且与其他体育相关产业的发展关系密切，因此我国户外运动发展并无其他体育运动发展的经验可循。做好社会和个人户外运动的安全管理，为户外运动的发展提供一个健全的体制，才能更好地促进户外运动的科学化发展。

一、户外运动法规制度概述

（一）户外运动法规制度的层级

户外运动法规是对户外运动的开展、发展进行管理的规范性文件，根据法规文件的级别，可分为以下六种。

第一，基本法律。由全国人民代表大会制定并修改，如《中华人民共和国体育法》（简称《体育法》）。

第二，其他法律或普通法律。由全国人民代表大会常务委员会制定并修改。

第三，行政法规。由国务院制定并修改。

第四，地方法规。由省、直辖市人民代表大会常务委员会制定并修改。

---

① 邓江晟. 户外运动产业发展的现状及对策［J］. 当代体育科技，2017，7（3）：205.

第五，自治条例。由民族自治地方的人民代表大会常务委员会制定并修改。

第六，部门规章。由国务院各部、委、总局、局、办、署，经过国务院批准制定的，在本部门管辖范围内有效的法律或法规。

（二）户外运动法规制度的类型

1. 综合性户外运动法律法规制度

针对包括户外运动在内的整个体育事业、体育产业的发展制定的法规制度，属于综合性的户外运动法律法规的范围，此类法律法规为我国体育运动的整体发展提供了依据，可让我国体育的整体发展有法可依。具有代表性的法律法规制度主要有《体育法》《关于加快发展体育产业的指导意见》《关于加快发展体育产业促进体育消费的若干意见》《体育发展"十三五"规划》《青少年体育"十三五"规划》《全民健身计划（2016—2020 年)》《"健康中国2030"规划纲要》《体育赛事活动管理办法》等。

2. 户外运动的单项法律法规制度

当前，我国户外运动的发展规模日益壮大，为进一步规范我国户外运动，确保各项户外运动项目的持续健康发展，我国实施了一系列与户外运动项目相关的制度，对推动我国户外运动的健康、可持续发展具有极大的指导和促进作用。户外运动的单项法律法规制度主要有《国内登山管理办法》《攀岩攀冰运动管理办法》《高山向导管理暂行规定》《冰雪运动发展规划（2016—2025 年）》等。

二、户外运动法规制度建设的意义与目标

（一）户外运动法规制度建设的意义

当前，我国户外运动热潮不断兴起，加强户外运动法治建设对规范和引导我国户外运动发展具有重要意义，具体表现在以下方面。

第一，实现对户外运动的依法推进和管理。

第二，保障人民群众参与户外运动的基本体育权利。

第三，保障户外运动者的合法权益。

第四，合理合法地处理户外运动活动、经济活动中的矛盾冲突，协调各种关系。

第五，提高户外运动行业依法行政的水平。

（二）户外运动法规制度建设的目标

第一，实现户外运动发展有法可依，有法必依，执法必严，违法必究。
第二，提高户外运动各个参与方的法律意识，保护其合法权益。
第三，搞好户外运动的法制教育宣传工作，创造良好的法制舆论环境。
第四，提高户外运动从业人员和管理者的法律素质。
第五，提高户外运动体育行政部门依法行政的水平。
第六，健全户外运动法规体系。
第七，加强户外运动法制的科学研究。

三、户外运动法规制度体系的构建策略

（一）加强立法与法制宣传

第一，加强立法，有法可依。构建户外运动法规制度体系，首先要做到有法可依，这就要求国家加强立法，针对我国当前户外运动中法律法规不完善的情况，加强户外运动法律法规的建设，保证户外运动者的合法运动权利、合法消费权益、维持户外运动产业和市场发展秩序，打击户外运动发展中的各种不法行为。

第二，加强法制宣传，创造良好的社会法治环境。对于我国户外运动法律法规制度体系的构建来说，为我国的户外运动的发展创造一个良好的法制舆论环境很有必要。对此，政府应重视对现有的户外运动法律法规的宣传。具体来说，应充分利用现代社会强有力的媒体传播功能加强户外运动法律法规的宣传力度。

（二）加强政府引导与支持

对于一个国家的体育事业来说，政府在其发展过程中发挥着重要的作用，户外运动的发展离不开政府的引导和干预。因此，构建户外运动法制体系，政府是很重要的体系建设者和完善者。

当前，我国正处于社会经济转型期，在商品经济市场条件下，户外运动的发展离不开政府的支持，政府应对户外运动发展方向进行正确的判断和引导，并结合户外运动发展过程中遇到的各种问题，对发展计划进行及时调整，对各项政策和制度的执行进行检查，使我国户外运动始终沿着正确的方向持续发展。

户外运动产业和市场发展规律的客观存在，要求政府对户外运动发展的支持应在合理的范围之内，避免对户外运动市场发展做过多行政干预。

（三）规范市场监管制度

政府监管是政府宏观调控的主要途径之一。合理的监管制度能够保证新的政策与体制得到真正贯彻与落实。

现阶段，我国户外运动产业发展的相关政府监督制度正处于完善过程中，应着重保护户外运动者的合法权益，维护户外运动企业经营的自主权，确保户外运动体育市场的良性运行，并结合户外运动产业整体的发展灵活调整监管方法、力度。

（四）严格行业准入机制

户外运动具有一定的危险性，很多从事户外运动的人都要面临比日常体育锻炼更多的潜在危险，为了自身和他人的生命安全，必须严格户外运动行业准入机制。

就从业者来说，要求相关教练、领队必须具备相应的资格认证。对此，国家相关职能部门应加大这方面的管理力度，将认证资格纳入国家统一管理体系。

对经营主体来说，发展户外运动市场，应鼓励户外运动体育市场主体入市、参与市场竞争、创新经营管理，这对促进我国户外运动产业的发展具有重要意义。但是，随着我国户外运动参与热潮的兴起，户外运动发展中的各种不法竞争、管理、服务等问题丛生，对于这些问题，必须要坚决杜绝，严格行业准入门槛。

（五）制定行业认证标准

户外运动产品的质量认证标准是户外运动产业化发展的必然要求。由于户外活动专业性极强，其产品关系到参与者的生命安全，所以对产品有着很高的要求。

以户外运动服装为例，户外运动服装与一般性运动服装不同，它不仅要舒适、便于运动，还要具备防风、防水、保暖、透气和轻便等一系列专业特性，其对功能和品质的高要求使得仅有少数的高科技材料以及专业的性能设计能够满足用户需求。在服装制作的任何一个环节出现了问题，都会危及户外运动参与者的生命安全。对此，必须严格制定行业标准，禁止不符合行业标准的商品生产、流通。

第二节　户外运动健康保健体系的构建

户外运动比室内运动消耗更大，开放性的自然运动环境也增加了运动者在运动过程中发生伤病的可能性。因此，参与户外运动，对于运动者自身而言，必须重视户外运动参与过程中和运动期间的营养补充、损伤康复、疾病防治，以建立自身的健康保健体系，为自身更加科学、健康地参与户外运动建立保证。

一、户外运动中运动营养的补充

（一）运动营养物质的比例与功能

营养，是指人体不断从外界摄取食物，经过生理转化吸收以维持生命活动的全过程。食物中的养分在科学上称为营养素，人体所需营养素约有 50 种，归属六大类，即糖（碳水化合物）、脂肪、蛋白质、矿物质（无机盐）、维生素、水。各类营养素在人体内的比例和功能各不相同，见表 3-1。[①]

表 3-1　各类营养素在人体内的比例及功能

营养素	体内所占比例（%）	功能		
		供给热能	构成组织	调节生理功能
糖类	1~2	主要功能	次要功能	—
脂肪	10~15	主要功能	主要功能	—
蛋白质	15~18	次要功能	主要功能	主要功能
矿物质	4~5	—	主要功能	主要功能
维生素	微量	—	次要功能	主要功能
水	55~67	—	主要功能	主要功能

营养素在维持人体生理活动中发挥着重要作用，在户外运动期间，更是人体消耗和代谢的重要能源和物质基础。

---

① 向武军. 阳光体育视域下户外运动发展研究［M］. 长春：吉林大学出版社，2020.

1. 糖类

糖类是人体必备营养物质之一，它是人体十分重要的供能物质。

就人体的基本生理活动来说，糖经人体吸收后可在体内以糖原的形式储存，糖分解代谢可释放能量，能够满足机体生理活动所需要的能量。

一般来说，运动者的户外运动主要依靠机体的糖代谢提供运动所需能量，运动后的恢复期或长时间运动期间，机体可不断合成糖来为运动提供持续的供应。

2. 脂肪

脂肪是人体的重要供能来源物质。无论是否参与运动，脂肪与人体的健康都有着非常密切的关系。运动可减少脂肪堆积，预防各种肥胖性疾病。

户外运动过程中，运动者的机体首先是通过分解糖类来获得机体所需能量，其次就是通过脂肪分解代谢获得运动能量。

3. 蛋白质

蛋白质是人体重要的生命物质，它是构成机体细胞的主要成分，而氨基酸是构成蛋白质的最小单位。人体中蛋白质的代谢必须遵守一定的规律，否则就会导致代谢紊乱，诱发疾病。

参与户外运动期间，机体的各种活动能量的蛋白质来源非常少，虽然运动时蛋白质可提供一部分能量，但是与糖、脂肪所提供的能量相比，这部分能量是非常少的。蛋白质不是运动的主要供能物质，而是维持人体正常生理活动的主要基础物质。

4. 维生素

维生素是人体的重要营养物质，对人体的生长发育有重要的影响作用，是参与人体生长发育和代谢的一类小分子有机物。人体内不能合成维生素，必须通过食物供给。

虽然维生素不是组织细胞的结构成分，也不能直接为机体参与运动提供能量，但它们在机体的能量代谢及其调节过程中发挥着重要的作用。在人体中，大多数维生素都会参与辅酶的组成。因此，如果缺乏维生素就会对酶的催化能力产生影响，导致代谢失调，从而使机体的运动能力有所降低。

5. 矿物质

矿物质在人体中的存在状态和形式有两种：一种是磷酸盐的形式，主要作为结构物质在骨骼中存在；另一种以离子形式在体液中存在，也称之为电解质。

不同的矿物质被人体吸收的程度不同，具体来说，钠、钾、铵盐等一般单价碱性盐类，人体吸收很快；人体吸收很慢的主要是多价碱性盐类；硫酸盐、磷酸盐和草酸盐等能与钙结合而形成沉淀的盐，人体不能吸收。

6. 水

人体 70% 是由水构成的，水分是组成生物体的重要成分，是维持生命所必需的物质，保持体内水分代谢平衡是维持机体正常生命活动的重要保证。通常来说，人体内的大部分水分是从食物中来的，只有小部分是在体内物质代谢过程中产生的。

运动时，人体内热量增加，水分排出及维持体温恒定的主要途径就是出汗。出汗会导致体内水分的流失，因此，运动者在户外运动期间应重视机体水分供给变化情况，注意及时、适量地补水，以保持机体水分的平衡。

参加野外生存、洞穴探险、丛林穿越、沙漠徒步等需要历时较长时间完成的户外运动时，尤其要注意水分补充，避免过度缺水而危及生命。

(二) 运动营养物质的消耗与补充

1. 糖类的消耗与补充

（1）户外运动中糖类的消耗。糖类是身体热能的主要来源，在没有及时补充而又继续运动的情况下，对糖类的大量需求只能来自体内贮存的糖原，这样容易造成糖原枯竭。严重的糖原枯竭有时是致命的。

（2）户外运动补糖方法。

运动前补糖。运动前的数日增加膳食中的糖类食物，或在参加运动前的 1~4 小时按每千克体重补糖 1~5 克。

运动中补糖。运动过程中，每隔 20 分钟补充含糖饮料或容易吸收的含糖食物，补糖量一般不大于 20~60 克/小时，可少量、多次饮用含糖饮料。

运动后补糖。大强度的运动后，越早补糖越好。可在运动后即刻补糖、运动后 2 小时内补糖、每隔 1~2 小时连续补糖。补糖量以每千克体重 0.75~1 克糖为宜。

2. 脂肪的消耗与补充

（1）户外运动中脂肪的消耗。脂肪是人体重要的"燃料库"，运动期间的脂肪消耗可给人们提供大量的运动所需的能量。坚持运动并控制饮食中的脂肪摄入可减少身体的脂肪堆积，这就是由运动期间体内的脂肪消耗大于补充所导致的。

（2）户外运动补脂方法。人体摄入的脂肪量以占摄入总能量的 20%~25% 为宜，可选用一些含不饱和脂肪酸的食用油，花生、玉米、大豆、芝麻、橄榄、豆腐等素食中也含有丰富的不饱和脂肪酸。如果偏好肉类可以多食用鸡肉、鱼肉等。

（3）户外运动补脂的注意事项。户外运动期间，要严格限制摄入脂肪的总量。对于运动者来讲，摄入过多脂肪会增加体重，导致运动速度下降。脂肪补充应以满足运动需要为限。

3. 蛋白质的消耗与补充

（1）户外运动中蛋白质的消耗。户外运动中蛋白质的代谢以分解代谢为主，因此要重视补充一定量的蛋白质以应对较多的代谢消耗，可见，蛋白质的适时补充是极为重要的。

（2）户外运动的蛋白质补充方法。对参与户外运动的人来说，参与攀岩、山地自行车、滑冰、滑雪等对人体力量、耐力、速度要求较高的户外运动项目时，应注意蛋白质的额外摄入与补充，运动期间的蛋白质补充量应达到每千克体重 2 克。

（3）户外运动补充蛋白质的注意事项。运动前蛋白质的摄入不宜过多，这主要是因为蛋白质过多会提高机体代谢率，需要大量水分，而运动也会消耗大量水分，这样很容易导致机体缺水。过多摄入蛋白质会造成人体钙质流失，并增加肝脏负担。

4. 维生素的消耗与补充

维生素可参与机体代谢调节，户外运动时运动者体内的物质代谢会加强，对维生素的需要量也会增加。剧烈运动可使维生素缺乏症提前发生或症状加重，因此应及时补充维生素。

维生素大部分不能在人体内合成或者合成量不足，不能满足人体的需要，因此必须要从食物中摄取。不同的食物中含有不同的维生素种类，补充维生素时应注意食物种类的选择，如表3-2所示。

表 3-2　主要维生素食物的来源

维生素	食物来源
维生素 A	动物肝脏、鳕鱼、比目鱼、鸡蛋、肉类、奶及奶制品、绿叶蔬菜、黄色菜类以及水果类
维生素 B_1	豆类、糙米、牛奶、家禽、葵花子仁、花生、瘦猪肉以及小麦、小米、玉米、大米等谷类食物
维生素 B_2	瘦肉、蛋黄、糙米、小米及绿叶蔬菜、紫菜、香菇、鲜豆、花生以及牛肝、鸡肝、螃蟹、鳝鱼、小麦胚芽、鸡蛋、乳、奶酪等

维生素	食物来源
维生素 B$_6$	动物肝脏、鸡肉、鱼肉、牛奶、酵母、豆类、蛋黄、糙米、绿叶蔬菜、香蕉和坚果类等
维生素 B$_{12}$	动物肝脏、肾、肉，以及蛋、鱼、奶等
维生素 C	刺梨、猕猴桃、鲜枣、辣椒、苦瓜、柑橘、番茄、菜花、草莓、荔枝、白菜、西芹、莴笋、南瓜、梨、苹果、香蕉、桃子、樱桃等
维生素 D	动物肝脏特别是海鱼肝脏制成的鱼肝油、鱼肉、蛋黄、奶油等
维生素 E	小麦虾芽、大豆、植物油（葵花籽油、芝麻油、玉米油、橄榄油、花生油、山茶油等）、绿叶蔬菜，猕猴桃，坚果类，以及瘦肉、乳类、蛋类、鱼肝油等

在大强度的户外运动项目参与过程中，饮食无规律、偏食的运动员出现维生素缺乏时，应及时检查，适时、适量补充维生素。

5. 矿物质的消耗与补充

人体的基本生理代谢活动离不开矿物质的参与，参与户外运动时更离不开矿物质的参与。参与户外运动可导致机体运动代谢的活跃，使得机体的矿物质消耗增加。其中，受生理因素的影响，运动者更容易缺钙，应该重视钙的补充。

户外运动中，根据不同矿物质的消耗情况和对运动能力的重要影响，应特别注意以下矿物质的补充。

（1）钾。口服钾可迅速恢复生长素水平和胰岛素的水平。

（2）铁。户外运动中，铁需求量大、消耗严重，若摄入不足，容易导致铁营养不良。因此，运动者在膳食中应加强铁的摄入。

（3）锌。锌与运动能力关系密切，它是多种酶的组成成分和激活剂，能调节体内的各种代谢，并影响睾酮的产生和运输，运动过程中可饮用含锌饮料来补充锌。

（4）硒。硒具有消除过氧化物、增强维生素 E 的抗氧化能力等作用。运动期间，运动者应增加硒的摄入量。

补充矿物质以食补为最佳，户外运动者应对食物中的矿物质的含量有基本的了解，如表 3-3 所示。

表 3-3　主要矿物质的食物来源

矿物质	食物来源
铁	动物血、肝脏、蛋黄、猪肾、羊肾、牛肾、大豆、黑木耳、芝麻酱、牛肉、羊肉、蛤蜊和牡蛎、果干、啤酒酵母菌、海草、小麦和谷物、菠菜、扁豆、豌豆、芥菜叶、蚕豆、瓜子等
锌	牡蛎、牛肉、猪肉、羊肉、动物肝脏和海产品类、豆类、粮谷类、坚果类等
钙	牛奶、奶酪、虾皮、鸡蛋、豆制品、海鱼、海带、紫菜、芝麻、山楂等
碘	海带、紫菜、海鱼、蛤干、干贝、海参、淡菜、海蜇等
硒	海鲜、蘑菇、鸡蛋、猪肉、大蒜、银杏、坚果、全麦谷物、白米和豆类等
磷	瘦肉、禽、蛋、鱼、坚果、海带、紫菜、芝麻酱、花生、豆类等
镁	紫菜、麦芽、糙米、新鲜玉米、花生、香蕉、荞麦面、高粱面、燕麦、蛋黄、豆类、蔬菜、蘑菇、杨桃、桂圆、核桃仁以及海产品等
锰	糙米、小麦、茶叶、干菜豆、莴苣、马铃薯、大豆、坚果类等

6. 水的消耗与补充

户外运动期间，活动量大，运动者会因大量出汗而流失大量水分，应重视科学补充水分，以保持机体的水分平衡。

户外运动中的合理补水应该遵循以下原则。

（1）预防性。训练前提前补水，预防脱水情况的发生。

（2）少量多次。避免一次性大量补液，以免增加胃肠负担。

（3）补大于失。补液的总量一定要大于失水的总量，以便于运动后体能快速恢复。

（4）补水的同时注重电解质的补充，可适当饮用运动型饮料。

二、户外运动中运动损伤的康复

（一）擦伤

1. 损伤原因及征象

擦伤，是指有机体表面与粗糙的物体相互摩擦而引起的皮肤表层的损害。

在户外运动中，擦伤十分常见，运动过程中摔倒，剐蹭到岩石、树木等，都有可能导致局部擦伤。

擦伤后，可见皮肤表皮剥脱，并伴有小出血点和组织液渗出。

2. 康复护理方法

（1）较轻、较小擦伤。此时可以用生理盐水或其他药水冲洗伤部，涂抹红药水或紫药水，一周左右即可痊愈。面部擦伤宜涂抹 0.1% 新洁尔溶液。

（2）较大擦伤伤口。为避免伤口被污染，需用碘酒或酒精在伤口周围消毒，如果创面中嵌入沙粒、炭渣、碎石等，应用生理盐水棉球轻轻刷洗，清除异物，消毒后撒上云南白药，盖上纱布，适当包扎。

（3）关节周围擦伤。注意清洗、消毒，然后用磺胺软骨或青霉素软膏等涂敷。

（二）挫伤

1. 损伤原因及征象

挫伤，是指在运动中机体的某部分由于受到钝性外力的作用，导致该部分及其深部组织产生闭合性损伤，如跑、跳等动作都非常容易产生挫伤。

户外运动中，四肢和关节在运动时过于紧张会导致挫伤，运动中猛烈的撞击也会导致挫伤。

挫伤后，常出现肿胀、疼痛、皮下出血和功能障碍等症状。

2. 康复护理方法

（1）挫伤发生后的即刻护理。伤部冷敷、外敷新伤药等，并适当进行加压包扎，抬高患肢，减少出血。

（2）股四头肌和小腿后群肌肉严重挫伤。对受伤肢体进行包扎固定后，迅速送往医院进行诊治。

（3）头部、躯干部的严重挫伤。认真观察呼吸、脉搏等情况，休克时应首先进行抗休克处理，使伤员平卧休息、保温、止痛、止血。疼痛甚者，可口服可卡因或肌肉注射哌替啶，并立即送医院诊治。

（4）手指挫伤。冷水冲淋，通常休息一段时间后疼痛可减轻，几天后痛感消除，能做屈伸动作即为缓解。

（5）面部挫伤。24 小时内局部冷敷，24 小时后热敷，促进消肿和皮下瘀斑的吸收；若出现裂伤，伤后 6 小时内清创缝合，伤后 24 小时内用破伤风抗生素，注意预防破伤风杆菌感染；骨折、牙齿断裂者应就医。

（三）拉伤

1. 损伤原因及征象

拉伤是指肌肉在外力的作用下过度主动收缩或被动拉长致伤。

造成肌肉拉伤的原因有很多种，如准备活动不充分、动作不协调、技术方法不得当等。在户外运动中，猛烈、突然的大幅度动作使肌肉组织主动收缩或被动拉长，超出其所能承担的能力时，便会出现肌肉拉伤。

对于户外运动初次参与者或者运动素质较差、经验较少者，其肌群训练不足，肌肉弹性、伸展性差，肌力弱等都容易发生肌肉拉伤。

肌肉拉伤后，受伤部位会出现压痛、肿胀、肌肉痉挛等症状，拉伤部位可摸到硬块。

2. 康复护理方法

（1）轻微拉伤和伴有少量肌纤维撕裂者，伤后应立即给予冷敷，局部加压包扎，休息时应抬高患肢。

（2）伤后 24~48 小时后可理疗和按摩，按摩时手法宜轻柔，伤部周围可做揉、捏、搓等，同时配合点压穴位。

（3）肌肉大部分或完全断裂者。局部加压包扎，固定患肢，及时送医。

（四）扭伤

1. 损伤原因及征象

扭伤是指关节发生异常扭转，引起关节囊、关节周围韧带和关节附近其他组织的结构损伤。在户外运动中，常见的扭伤部位为腰部和踝关节部位。

扭伤出现以后，会出现关节活动受限和疼痛，关节及周围出现疼痛、肿胀，有明显的压痛感觉，关节活动出现障碍。

2. 康复护理方法

（1）急性腰扭伤。平卧休息，冷敷患处。不建议盲目使用手法治疗。

（2）踝关节扭伤。压迫痛点止血，抬高伤肢，用较大的棉花块或海绵垫加压包扎。

（五）肩袖损伤

1. 损伤原因及征象

肩袖损伤（肩袖损伤性肌腱炎），多由肩关节长期急剧转动、劳损、牵拉、摩擦而引发。

肩袖损伤发生时，肩部外展会感到疼痛，有时会向上臂、颈部放射。当肩部外展或伴有内外旋转时，疼痛会加重。

2. 康复护理方法

（1）急性发作期间，暂停运动，肩关节制动，上臂外展 30°固定，以减小有关肌肉的张力而减轻疼痛。

（2）适当休息、调整后，可采用物理治疗、按摩和针灸等方法进行治疗。

（3）发生肌腱断裂并发症时应立即就医。

（六）关节脱位

1. 损伤原因及征象

关节脱位，俗称脱臼，是指关节面失去正常的联系的损伤。出现关节脱位时，如果不及时进行复位，血肿会肌化而发生关节粘连，使关节复位的难度增加。

关节脱位后，会伴有关节囊撕裂，关节周围的软组织损伤或破裂，出现畸形。伤者的主观感觉有疼痛、压痛和肿胀，关节功能丧失，不能活动。

2. 康复护理方法

（1）肩关节脱位。用三角巾悬挂前臂包扎固定。

（2）肘关节脱位。用铁丝夹板，弯成合适的角度，置于肘后，用绷带缠稳，再用小悬臂带挂起前臂，也可直接用大悬臂带进行包扎固定。固定伤肢后要及时复位。

（七）腰肌劳损

1. 损伤原因及征象

肌损伤，又称腰肌筋膜炎，一般来说，患者在患有急性腰扭伤后并未根治，并且腰部的活动域和负荷量仍旧未减，久而久之，可形成腰部机体组织的慢性损伤。

腰肌劳损最主要的一个特点是长期保持一个身体姿势，尤其是腰部长时间处于紧张状态时，腰部肌肉酸痛，同时也可能感觉到臀部或大腿外侧的麻痛感。

2. 康复护理方法

（1）腰肌劳损发生后，注意休息和放松，可按摩、理疗，也可口服药物减轻疼痛。

（2）顽固性病例可考虑手术治疗。

（八）髌骨劳损

1. 损伤原因及征象

髌骨劳损，又称髌骨软骨病，是髌骨的关节软骨面的慢性损伤。

髌骨劳损发生后，人会出现膝软与膝痛感。根据运动量和强度的不同，疼痛感程度不同，损伤不严重者可在休息后感觉到疼痛减轻或消失。顽固性伤者在特殊天气中即使不运动也会疼痛。

2. 康复护理方法

调整运动量和局部负荷，并采用按摩、揉捏、搓等手法依次反复按摩和点压髌骨周围穴位等方法。

（九）韧带损伤

1. 膝关节韧带损伤

户外运动中，突然扭转身体，大腿随躯干突然内收内旋，在膝关节处形成了一个扭转力，或来自膝外侧的一个向内侧的冲撞力，可导致膝关节韧带扭伤和拉伤。膝关节韧带损伤后，可瞬间感到剧烈疼痛，韧带受伤部位有明显的压痛点，常伴有半腱肌、半膜肌痉挛。

其康复护理方法包括以下步骤：①弹力绷带做"8"字形压迫包扎，继续用冰袋冷敷；②韧带完全断裂者则症状表现明显加重；③用棉花夹板固定并及时送往医院做更进一步的处理。

2. 膝内侧副韧带损伤

户外运动场地、技术等可造成膝关节内翻，引起外侧副韧带损伤。伤后，膝内侧压痛、肿胀、皮下瘀血、小腿外展或膝伸时存在疼痛与功能障碍。

其康复护理方法包括以下步骤：①立即冷敷、加压包扎，减少出血，止痛，避免并发症；②伤后24小时左右可视伤情采取中药外敷或内服、按摩、理疗等康复手段，促进淋巴和血液循环，加速渗出液和积血的吸收；③膝内侧副韧带完全断裂者应进行手术缝合。

3. 踝关节韧带损伤

户外运动中跳起落地时若缓冲不当，可导致踝关节内旋、受限。

其康复护理方法包括以下步骤：①冰袋冷敷，若无条件可以用凉水降温，以缓解疼痛；②损伤严重者应及时就医。

（十）脑震荡

1. 损伤原因及征象

致伤后即刻可出现意识不清、脉搏徐缓、肌肉松弛、瞳孔稍大、神经反射减弱或消失等主要征象。清醒后常有头痛、头晕、恶心、呕吐感，并有情绪烦躁、注意力不集中、耳鸣、失眠、记忆力减退等症状。

2. 康复护理方法

（1）伤后未昏迷者的即刻护理。患者平卧、头部冷敷。

（2）伤后昏迷者。立即指压人中、内关、合谷穴；如果呼吸发生障碍，则立即进行人工呼吸。

（3）脑震荡较严重者。反复昏迷或耳、鼻、口出血，两瞳孔放大且不对称时，表明病情严重，应立即送医院治疗。在运送途中，要让患者平卧，头部固定，谨防颠簸。

（4）脑震荡恢复期。定期做脑震荡痊愈试验，以检查康复状况。其方法为闭目、单腿站立，两臂平举。如果能保持平衡，表明脑震荡已基本治愈。这时，可适当参加体育锻炼，但要避免翻滚和旋转性动作，以免复发。

（十一）骨折

1. 损伤原因及征象

骨的完整性遭到破坏的损伤称为骨折。在户外运动中，起跳冲撞时的突然落地可导致运动员骨折，腿部骨折和脚部骨折多发，足部跖骨、距骨、跟骨发生闭合性骨折的概率较高。

2. 康复护理方法

（1）临时固定，用夹板和绷带固定伤部。

（2）就医检查骨折情况，进一步进行专业治疗。

（3）观察伤肢的颜色，调整包扎松紧，做好保暖措施。

三、户外运动中运动疾病的治疗

（一）过度紧张

1. 疾病原因及征象

过度紧张是户外运动初学者经常出现的情况，主要是由于认识不足，在运动过程中运动负荷过大和动作过于剧烈，超过了自身的负担能力而产生的急性病理现象。

过度紧张可导致不同程度的生理反应，如急性胃肠功能紊乱及训练应激性溃疡；恶心、呕吐、头痛及头晕，面白；呼吸困难，急性心脏功能不全和心肌损伤；意识不清、昏倒。

户外运动参与者过度紧张问题可大可小，轻者可表现为食欲缺乏、恶心、呕吐，参与运动训练的积极性不高，情绪不佳，焦虑；严重者可诱发心血管等突发性疾病。

2. 疾病的治疗方法

（1）及时停止户外运动，休息，可服用 50% 的葡萄糖或镇静剂。

（2）急救时，应让患者平卧或半卧（心功能不全者），松解患者衣物，注意保暖。

（3）昏迷者可按压人中、百会、合谷、涌泉等穴；呼吸、心跳停止者应做人工呼吸和胸外心脏按压术，及时就医。

（二）过度疲劳

1. 疾病原因及征象

过度疲劳是由运动者长期训练不当或运动期间连续疲劳导致机体出现的功能紊乱或病理状态。

户外运动参与者过度疲劳问题可大可小，轻者可表现为食欲缺乏、恶心、呕吐；重者可伴有休克现象的发生。

2. 疾病的治疗方法

（1）调整运动，减少运动量，注意休息和睡眠，一般情况下，患者在 2 ~ 3 周即可恢复正常。

（2）针对中、后期病情进一步发展的过度疲劳，必要时应停止运动，根据病情进行药物治疗，也可进行适当的康复性医疗体育活动。

（3）重者应彻底停止运动并接受专业治疗。

（三）肌肉痉挛

1. 疾病原因及征象

肌肉痉挛，即抽筋，是指肌肉发生不自主地强直收缩的一种症状。人体的腓肠肌、足底的屈拇肌和屈趾肌最容易发生痉挛。

抽筋后，机体局部肌肉僵硬、疼痛难忍且一时不易缓解，临近的关节可能会出现运动障碍。

2. 疾病的治疗方法

（1）肌肉痉挛较轻者可缓慢、均匀地牵引痉挛的肌肉，掐点穴位。

（2）大腿后群肌肉、小腿腓肠肌痉挛者，应尽力伸直膝关节、充分背伸踝关节、拉长痉挛肌肉，同时配合局部穴位按摩。

（四）运动中腹痛

1. 疾病原因及征象

运动中腹痛，是指运动员在运动中因生理和病理原因而发生腹部疼痛的一种疾病。其通常是由于准备活动不充分、胃肠痉挛、腹直肌痉挛、呼吸紊乱等原因造成的。

2. 疾病的治疗方法

腹痛时，首先要了解腹痛的性质和部位，如果是运动性腹痛，应降低运动负荷强度，调整呼吸和动作节奏，按压疼痛部位，也可口服药物或点掐内关、足三里、三阴交等穴位，必要时应停止运动，就医治疗。

（五）运动性低血糖

1. 疾病原因及征象

空腹时血糖浓度低于 50 毫克/分升的症状表现即为低血糖。运动性低血糖在长时间的户外运动中比较常见，尤其是在残酷的户外环境中机体消耗大而能量得不到有效补充时，可出现低血糖病症。

户外运动，如果持续时间长，昼夜得不到良好休息和营养补充，或运动前饥饿，肝糖原储备不足，不能及时补充血糖的消耗，都有可能导致运动性低血糖。出现低血糖时，运动者一般有强烈的饥饿感，并可见面色苍白、多汗或冷汗、身冷、体温低、心跳快速、呼吸浅促、眩晕、头痛、视力模糊、焦虑、幻觉、狂躁、精神失常、昏迷等症状。

2. 疾病的治疗方法

（1）使病者平卧、保暖。意识清醒者可饮浓糖水或吃少量食品，一般短时间内即可恢复。不能口服者，可静脉注射 50% 葡萄糖 40~100 毫升。

（2）昏迷不醒者，请立即就医。

（六）运动性贫血

1. 疾病原因及征象

因训练不当导致血液中红细胞数和血红蛋白量低于正常值的现象称为运动

性贫血。

运动性贫血患者可出现头晕、恶心、呕吐、气喘、体力下降、疲倦、眼花、头痛、记忆力下降等病症。

2. 疾病的治疗方法

（1）适当减少运动量，必要时可停止运动。

（2）多食用富含蛋白质、铁质、维生素的食物或服用抗贫血药物。

（七）运动性血尿

1. 疾病原因及征象

在户外运动中，如果运动强度过大，超过运动员的承受范围，有可能引起显微镜下血尿，经检验无原发病的则称为运动性血尿。

2. 疾病治疗方法

（1）全面检查，排除病理性血尿，以免误诊。

（2）出现肉眼可见的血尿时，应立即停止运动。

（3）对出现少量红细胞而无症状表现的运动者，应减少运动量，并注意观察。

（八）运动性中暑

1. 疾病原因及征象

由运动导致运动员体内的过热状态，称为运动性中暑。在炎热的天气下进行长时间的户外运动，常导致运动性中暑。

在相同的运动环境和条件下是否会发生运动性中暑，还与运动者的身体疲劳程度、睡眠和休息状况、机体失水与缺盐情况、机体对高温环境的适应能力等因素有关。

运动中出现中暑症状时，早期往往表现为头晕、头痛、呕吐等现象，逐步发展为体温升高，皮肤灼热干燥。严重者精神失常、虚脱、痉挛、心律失常、血压下降，甚至昏迷并危及生命。

2. 疾病的治疗方法

（1）有先兆或轻度中暑的情况：迅速撤离高温环境，至通风阴凉处休息，解开衣领，并服用清凉饮料、浓茶、淡盐水和解暑药物等。

（2）中暑严重者：立即移到阴凉处，让其平卧。中暑痉挛时，牵伸痉挛肌肉使之缓解，并饮用含盐饮料。

（3）中暑衰竭者：饮用含糖、盐的饮料，并在四肢做重推按摩。

（4）中暑昏迷患者：针刺人中、涌泉、中冲等穴，并迅速就医抢救。

（九）岔气

1. 疾病原因及征象

岔气，是指运动时发生与腹痛位置不同的突然性胸壁或上腹近肋骨处的疼痛现象。户外运动中，呼吸调节不当容易岔气。

岔气后，胸壁或上腹近肋骨处出现明显的疼痛，说话、深呼吸或咳嗽时局部疼痛，按压疼痛部位有明显的压痛感。

2. 疾病的治疗方法

（1）深吸气，憋住不放，握拳由上到下依次捶击胸腔左右两侧，亦可用拍击手法拍击腋下，再缓缓深呼气。

（2）连续深呼吸，同时用手紧压疼痛处。

（3）食指和拇指用力捻捏内关穴和外关穴，同时做深呼吸和左右扭转身躯的动作。

（十）月经失调

1. 疾病原因及征象

户外运动强度过大或者长期在野外自然环境中训练而无法得到正常的营养供应，可导致女性运动者出现月经失调。

月经失调主要有以下症状：月经先期，气不摄血；月经后期，气郁、血寒、血虚；运动性闭经。

2. 疾病治疗方法

出现运动性月经失调，可采取以下处理方法进行缓解和治疗：①推拿按摩；②针灸治疗；③中药治疗；④西医治疗。

第三节　户外运动科学化安全管理

一、户外运动活动组织的安全管理

（一）加强户外活动前安全教育

"随着我国经济的迅猛发展，人们精神文化生活的需求不断提升，都市人越来越向往在节假日逃离高压模式下的工作环境，投入大自然的怀抱中，放松自我调节身心。而户外运动以大自然为活动场所，旅游资源充足，为运动者开阔视野、缓解压力、强健体魄、健康身心、锤炼意志提供了条件。"[1] 户外活动的组织，应将安全问题当作最先考虑的问题，凡事安全第一。在组织户外运动前，一定要对运动参与者进行全面的安全教育，使每个人都认识到户外运动中安全的重要性。

户外运动俱乐部组织活动应加强对户外运动参与者的集体培训；领队者在户外运动活动正式开启前应再次强调即将进行的户外运动中的安全问题和注意事项；户外运动过程中，领队和技术专员应注意对户外运动参与者进行安全提醒。

对于在校学生户外运动活动的组织，以高校学生为例，应在日常加强对大学生户外运动的安全意识教育和安全知识、技能的教育，切实提高大学生的安全意识，可通过多种形式与方法展开全面的、系统的、有针对性的安全教育。

（二）加强户外运动的安全监控

在户外运动组织管理过程中，应加强户外运动团队的安全监控，明确活动组织的管理人员和责任者，各项活动应具体到个人。如果该活动参与人员较多，可在 1 位负责人的统一领导下，整个团队按照 8~10 人/组分为若干小组，各小组再设置一到两个负责人。团队负责人是户外运动活动安全工作的总负责人，项目负责人和小组负责人以及其他一切活动参与者都有监控反馈险情的义务，建立起联动的立体监控模式。

（三）规范网络组织户外活动出行

在信息时代，互联网发展迅速，户外运动的推广、宣传、组织也涉及网络世界，很多网友在论坛发帖组织野营、溯溪等活动。从线上的交流，到线下一起参与户外运动，网络为户外运动参与者提供了资讯和活动的相关资源。但通过网络组织户外活动存在许多不足，如队员之间彼此不熟悉、活动组织不严谨、缺乏安全保障、活动责任者不明确、对突发事故缺乏应对能力等。因此，应该有必要的公共政策对网络户外运动活动的组织进行规范、约束，严密保障户外运动的安全。

（四）重视完善安全救援与管理

户外运动安全不仅关系到个人、企业，也关系到整个行业和体育事业的健康发展，我们应重视完善户外运动的安全救援与管理。对此，应做好以下两方

---

[1] 郑芳. 户外运动安全问题探析 [J]. 当代体育科技，2019，9（34）：238.

面工作。

首先，户外运动市场经营主体要提高安全意识和救援技能。

其次，政府应加强户外运动安全教育宣传，严格规范户外运动经营市场，完善户外运动法律制度，建立一支以政府为依托、以社会力量为主的成熟的救助力量。

（五）个人参与应具备的安全管理

户外运动过程中，运动者个人应具备良好的安全参与意识，做好以下几方面工作。

第一，做好活动热身准备。

第二，做好运动装备准备。

第三，做好安全事故应急处理。

由于户外运动内容丰富、项目较多，运动参与者应结合自身情况来参加户外运动，做好运动安全防护与管理。

二、户外运动安全互控体系的构建

安全互控体系指的是，若干有关事物之间相互的约束、控制，最大限度地避免安全事故的发生或使引起这些安全事故的因素降到最低限度，达到安全保护作用的一种工作系统。影响安全的因素有人为因素、制度因素、环境因素、救援因素、监督管理因素，这五大因素是构建安全互控体系的基础。根据这五大因素，安全互控体系可分为自控体系和他控体系。

自控体系，指的是自我控制，其含义归结为两个要点：①自己对自己的控制，即"无外界监督""没有外部限制"；②自我控制是对自己认知、情绪和行为的控制能力，是自我意识的重要组成部分，是个体对自身的心理与行为的主动掌握。可见，自我控制是一个多层次的复杂的心理结构。自我控制是个体自觉地选择目标，做出计划，在没有外部限制的情况下，排除干扰，克服困难，采取某种方式控制自己的行为，保证目标实现的心理过程，具体是指在未有外界的压力作用下，自己采取某种办法或措施实现对自我安全的控制。

他控体系，指的是他人外界的控制，要受他人的管制、约束。在外界的压力作用下，采取某种措施方法对主体安全进行的一种控制。

这两大体系各自独立，又相互影响、相互制约。要实现自控，需提高自我意识，不断提高专业技能知识，正确选择和使用运动装备，提高运动过程中自我心理的稳定，对法律法规的严格执行，在法律法规监管不到的方面采取自我约束来保障自身安全。要实现他控，需改善自然环境，提高景区环境安全，提前进行监测、预警，不选择安全隐患的地方进行活动；提高随行医疗人员的专业能力、领队（组织者）的组织能力、同行队友的专业能力、合作精神；健全相关的法律、法规制度；加大对相关企业、人员、部门的监督管理；提高救援人员的业务能力、完善救援机构和救援设施设备。

（一）自控体系的构建

1. 提高自我意识，实现自控

参与者自身安全意识的薄弱，是造成安全事故发生的主要原因之一。因此，有参与户外运动的需求，就应该主动了解户外运动的安全问题，可以通过网络、媒体等进行关注，学习实践经验、吸取教训，对户外运动安全的现状有准确的了解和认识，提高安全意识，提高自我警惕。

2. 认知自我能力，实现自控

对自己当前运动的水平要有准确的认识，随时了解自己的身体能力、身体状况；了解自己对理论知识的掌握程度，以便能够参与自己能力范围内的户外运动项目。

3. 提高专业技能知识，实现自控

在参与户外运动之前，应全面学习户外极限运动的专业技能，可以登录相关网站进行学习。另外，还可以阅读相关书籍，如《生存手册》《安全手册》《登山户外安全手册》《背包族手册》《中国徒步之旅》，从其中获得户外技能知识。主要是对户外运动的安全知识、组织管理知识、运动技术、急救技能、运动装备的使用和检查、生活装备的使用、危险（生物、地质灾害、气象）的识别、相关法律法规、管理体制等有较为全面的了解。如果条件允许，也可以参加专业的户外运动训练与培训。

4. 正确选择和使用运动装备，实现自控

户外运动的装备是户外运动必不可少的运动工具，不仅可以保证户外运动的顺利开展，而且能为户外运动的参与者提供最大的安全保证。参加户外运动时，一定要选择认证合格的装备设施，不合格的运动装备会给户外运动带来不便，还有可能引发危险。同样，运动装备在使用前、使用后都需要检查，看看有没有裂缝、裂纹，存在安全隐患的装备是坚决不能使用的。正确使用运动设备，才能起到保护参与者的作用。

（1）正确选择运动装备完成自控。运动装备是指参与者在进行户外活动时所使用到的运动器材、设备和生活用品的总称。户外运动要使用专业的运动装备，来克服运动中遇到的种种障碍与困难，从中体验快乐、感受刺激。运动装备的好坏程度直接关系到活动是否能够顺利进行、顺利完成，更关系到活动参与者的生命健康。在国际上，户外运动装备有几种标识和认证机构，主要有欧洲共和体标准认证（简称 CK）、国际质量检测体系、国际登山联合会安全监测认证（简称 UIAA）等。运动中所使用的装备必须符合至少一种的国际认证。

我国应尽快出台户外运动装备的标准，户外运动用品的质量、安全认证是户外运动产业化、规范化发展的必然趋势。

（2）正确使用运动装备完成自控。户外运动装备使用后，一定要妥善保管和存放，运动装备周围禁止吸烟、禁止使用明火。

户外攀登用的绳子一般分为两类：静力绳和动力绳。静力绳，不能直接靠伸缩来吸收冲力，比动力绳更耐用。一般来说静力绳被用作路线绳，而不是下方的保护绳。动力绳，可以通过伸缩吸收由于脱落而产生的冲力，一般用于进行下方保护。动力绳和细绳的寿命可以用公式计算：寿命＝第一次使用前的存储时间+使用时间工作寿命根据使用的频率和方式。磨损、紫外线辐射、潮湿的环境都会逐渐损伤绳子。使用后，绳子由于松弛会变粗10%。

5. 稳定运动中的自我心理，实现自控

在进行户外运动的整个过程中，自我心理的稳定程度包括心理素质方面的因素，大多数会体现在对陌生人、陌生环境的快速适应能力和在运动过程中遇到危险时的应急能力和保持自我稳定心理的能力。稳定的心理素质可以与陌生人培养良好的人际关系，较快地融入集体生活中，并可以相互帮助，一起面对突发情况。

6. 严格执行相关法律法规，实现自控

作为一名合格的户外运动爱好者，必须做到对法律、法规的严格执行，不走捷径。

（二）他控体系的构建

1. 改善环境，实现他控

（1）改善自然环境实现他控。应该提高景区的环境安全，除了改善景区的设施等实质性的因素外，还要对景区的监控预警系统进行完善。

为了防止或避免事故的发生，应对可能发生事故及灾害的区域，提前进行监测、分析和预警，对可能出现的户外安全问题提前防范和控制，尽量避免户外运动安全事故的发生。对已发的事故灾害信息及时反馈，要向新闻媒体和社会公众持续发布相关信息，及时警示户外运动参与者和组织者，以引起关注，提高警惕。

（2）改善社会环境实现他控。在户外运动中，社会因素是非常重要且影响安全的一大因素。虽然这一社会因素不可控，但我们却有主动选择的权利。有经验的户外运动人员，大多数都会选择经济稳定、卫生医疗条件好和居民友好的国家和地区作为户外运动的场所。

2. 人为约束，实现他控

（1）约束随行医疗人员实现他控。参与户外运动时，同行人员中要有合格的医疗人员，懂得施救方式、方法，并且医疗条件、技术专业水平要合格。

（2）约束领队、组织者实现他控。户外运动的领队、组织者分布在社会的各个领域，本身就缺乏实践经验、知识水平也不过关。对户外运动的领队、组织者应实行统一规范的管理。对户外运动领队、组织者应进行严格的资格认证，不合格的领队、组织者禁止带队。

（3）约束同行队友实现他控。户外运动一般是集体出行，因此要提高大家的团队合作精神。遇到危险时，队友的个人技术、身体素质、实践经验、心理素质是脱离危险的有效途径。因此，户外运动参与者要培养团队合作精神。每个人本着对自己负责、对他人负责的态度，提高个人技术与实践经验，提高个人身体素质和心理素质。

3. 健全法律法规，实现他控

户外论坛都有关于户外运动的免责声明，但这些所谓的免责声明并不能完全免责，国家急需出台相关法律法规来规范户外运动的组织并保障人们的户外运动安全。

（1）完善我国户外极限运动法律制度实现他控。

第一，建立户外运动俱乐部监督管理法律制度实现他控。为了健全我国户外俱乐部的组织形式，应加强对俱乐部申报与审批及经营的监管。一般而言，可以实行保证金制度、户外运动俱乐部责任保险和户外运动的监督检查，以防止户外运动俱乐部出事后逃避责任。

第二，建立户外运动领队、教练法律制度实现他控。通过行政管理部门对专业技术人员进行管理，明确户外运动俱乐部对户外运动教练、领队的管理，明确其权利与义务。

第三，建立户外运动消费者及其权益保护法律制度实现他控。确立户外运动消费者的法律地位，保护消费者的合法权益，消费者自身素质和消费者权益自我保护能力亟待提高。保护消费者是促进市场经济进步、提高生产率的客观要求，其根本途径就是建立相应的消费者权益保护制度，从而有效保护消费者，只有这样才能保证市场经济的持续健康发展。

第四，规范户外运动合同法律制度实现他控。通过规范户外运动合同法律制度，保障合同双方当事人的合法权益，对户外运动合同的订立程序、形式和内容及其必要条款、普通条款、格式条款和免责条款加以规范，监督合同的履行、变更、转让、解除和终止，并对违约责任和其他相关的条款加以规定。

第五，加强户外运动市场管理，建立市场管理法律制度实现他控。随着户外运动经济体制改革的不断深入，保护消费者的合法权益，规范经营者的经营行为，保护正当合理的竞争，对不正当的经营行为、扰乱市场经济秩序和破坏市场经济环境的行为给予法律制裁，是建立户外运动市场经济法治建设的重要内容。

第六，完善户外运动资源法律制度实现他控。为户外运动提供一个良好的环境，完善资源合理开发、利用、保护、改善及其规划管理，可以有效地保护我国的户外运动资源和生态环境。人与大自然和谐相处，有利于我国户外运动资源的开放和可持续发展。

第七，完善户外运动安全与户外运动保险制度实现他控。建立有效的救援保障制度，保障消费者的人身和财产安全是户外保险的主体。为了建立有效的保障体系，完善户外运动安全和户外运动保险，加强户外运动安全事故处理以及户外运动安全救援机制和户外运动俱乐部责任保险及其理赔，已成为必不可少的任务。

第八，建立户外运动纠纷及纠纷解决机制实现他控。建立户外运动投诉管理机关及户外运动投诉部门，及时、有效地处理户外运动中存在的问题，在法律适用范围内解决户外运动投诉及纠纷，并建立户外运动专门纠纷仲裁、诉讼机制。

（2）完善相关法规实现他控。户外极限运动完备的政策法规应该包括两部分内容，即全国性政策法规和地方、行业性法规条例以及企业、俱乐部的规章制度。全国性政策法规必须严格要求教练、领队、组织者进行资质认证以及技能考核培训并指导监督，并严格要求俱乐部进行资质认证。地方、行业性法规条例以及企业、俱乐部的规章制度是各地市及相关的户外运动俱乐部制定的相关的规章制度和行业条例，以及对相关制度及条例执行与管理的力度。

完善的法规制度是户外极限运动健康开展的前提。建立户外运动技术装备安全管理制度有以下几个方面。

第一，建立户外运动技术装备管理规章制度。户外运动俱乐部要以体育总局和中国登山协会相关的法规为依据，制定相关的管理制度，规范户外运动技术装备的管理。

第二，建立户外运动技术装备专人管理制度。由户外专业人员对户外运动技术装备进行专人管理，根据实际使用情况做到技术装备定期检查、定期保养、规范管理，及时对户外运动技术装备进行检查，发现装备中存在的不安全因素。

第三，建立户外运动技术装备使用培训制度。户外运动组织者应积极参加中国登山协会的相关培训，规范技术装备操作方法，掌握户外运动风险管理手段。同时，积极组织会员及户外运动爱好者进行户外知识技能培训，提高会员风险意识。

第四，建立户外运动技术装备保养维护制度。对技术装备进行合理的保养，延长装备的使用寿命和加强装备的安全性。并对技术装备的保养情况进行记录，使使用者及时、清晰地了解技术装备的保养情况。

第五，建立户外运动技术装备档案管理制度。户外俱乐部要给每一件户外运动技术装备建立详细的记录，包括装备的基本信息、装备的使用情况、装备的保养情况等方面。

第六，建立户外运动技术装备管理监控制度。根据户外运动技术装备管理者和领队的执行情况，对其进行奖惩，严格对户外运动技术装备进行规范、完善的管理。

4. 引导监督管理，实现他控

（1）对相关企业监督管理进行引导实现他控。在户外运动器材监督方面，不仅要对出售户外器材商店的质量进行监督，更要对户外制造企业生产源头的质量进行监督。针对户外（培训）学校、户外培训机构和户外俱乐部，主要是对其办学资质和企业管理制度完善程度进行监督。针对旅游景区，主要是对其安全警报系统完善程度进行监督。

（2）对相关人员监督管理进行引导实现他控。针对户外（培训）学校、户外培训机构和户外俱乐部专业老师、领队（组织者），主要是监督其是否有从事培训的能力和上岗资格证。一名合格的领队（组织者）应该具备十分丰富的探险经验，出发前，领队（组织者）应制定团队队员必须遵守的规章制度，比如队员要服从命令，统一安排，不能私自脱离队伍进行活动等，并且要做好分工：谁来担任医疗救护、谁来保管食物及药物、谁来掌管通信设备等，一旦出现危险情况，便可以马上投入救助。因此，必须对领队（组织者）自身能力进行监督考核，对领队（组织者）定期进行专业知识的抽查监督。针对户外运动参与者个人，主要是对参与者参险的监督以及对其个人技术、参与经验、理论知识的监督。

（3）对相关部门监督管理进行引导实现他控。

第一，对政府部门的监督管理进行引导实现他控。地方政府部门，定期开设学习课程、提高实践技能、加强安全教育，培养户外运动的安全意识、加强安全教育。因此，必须加大宣传力度，使户外运动参与者在参与的过程中牢记安全第一，定期开设理论、实践学习课程，使参与户外运动的人员提高相关素养。

第二，对救援部门的监督管理进行引导实现他控。对救援部门的监督包括对地方省、市等地户外运动救援机构的监督，包括对景区救援的机构，也包括对非救援部门社会救援的监督。

第三，对保险部门的监督管理进行引导实现他控。开发专业险种，简化程序并强制参险。对户外运动产生的各种安全事故，全面开发专业保险，并强制参与者参险，而且要简化参险程序，以保证所有参加户外运动的人都能顺利参险。例如，我们在强制推行景区与旅行社责任险的同时，还应强制推行参与者个人保险，包括旅游人身意外伤害险、旅游救助险等，另外还可以推出一些户外运动旅游特殊险种，如登山意外险等。

5. 保障救援体系，实现他控

户外运动的安全，最重要、根本的环节则是救援，包括事故发生之后该怎样去营救，该怎样处理事故发生之后的各类问题。这些工作需要社会和政府多个部门协调合作。完备的应急救援系统包括很多方面，主要是救援人员、救援机构和救援设备三个方面。

（1）救援人员的保障实现他控。救援人员要学习足够的专业救援知识、提高救援能力。救援是一个整体的系统工作，救援过程中由于时间紧迫，营救目标需要定位准确，需要救援人员有高超的救援技能、有专业的救援知识，更需要领导者对户外运动环境有足够的、敏锐的辨识能力以及理智的、快速的决策能力。

（2）救援机构的保障实现他控。

第一，相关政府救援机构的保障实现他控。国家体育总局户外极限运动管理中心下的户外运动救援部，主要负责我国户外运动救援应急预案的制定和咨询，并对各地区、地方户外运动救援机构进行指导。

各省、市、自治区、直辖市及下属各级体育局等地方户外运动管理中心或相关救援部门，负责该区域内户外运动救援应急预案的制定、咨询以及运行和管理户外运动救援工作，并指挥整个救援工作的顺利进行，并在可能出现或者已经出现危害人员生命的情况时，及时向国家体育总局户外极限运动管理中心下的户外运动救援部通报情况，并请求指导。

第二，景区救援小机构的保障实现他控。景区救援机构，是景区内的工作人员组成的，工作人员对景区内的地形、环境非常熟知，对他们进行系统的、规范的救援培训，将会使其成为我国户外运动救援极为有效的力量，会极大地提高户外运动救援的效率。

第三，相关非政府救援机构的保障实现他控。在国家体育总局户外极限运动管理中心下还有一部分非政府救援机构的户外运动社会救援队，他们在运动管理中心都是有备案、统一管理的。他们可以作为户外运动救援应急预案的具体实施者、执行者，既要负责及时向有关部门通报情况，也要组织现场施救，还要服从当地政府的安排与调动。

（3）救援设施设备的保障实现他控。完善救援设施设备。国家和地方要投入大量资金，对救援设施设备进行完善，才能更有效地进行救援。

第四章　户外运动人才培养目标与课程教学

第一节　户外运动人才培养目标与规格

一、高校人才培养目标分析

"当前我国社会体育发展迅速，原有的社会体育专业人才培养目标已经不能适应当今社会发展的需求。"① 培养目标在人才培养中起着导向作用，是课程体系构建的主要依据。在各学校的人才培养工作中应该符合该学校设定的培养目标。

对于户外运动专门人才的培养，由于其对实操能力要求较高，与户外运动开展项目对接紧密，因此从培养类型上来说应该定位为技术技能型人才。由于户外运动不是按照独立专业进行设置，其人才培养定位融入其所在专业的培养定位中，各高校也未对培养目标进行方向细分，因此，在培养过程中会导致定位模糊，在一定程度上影响人才培养质量。

二、高校户外运动专门人才培养规格分析

高校在户外运动专门人才的培养规格方面存在如下共性。

在知识方面，要求学生掌握基本的知识和一些专业技能，知识是人才培养的基础与核心。对于户外运动方向的学生来说，学习和掌握以下知识是十分必

---

① 袁强. 户外运动快速发展下的高校社会体育专业培养目标的转变 [J]. 吉林省教育学院学报（上旬），2014，30（01）：124.

要的：掌握学科基础知识，如体育学、社会学、运动训练学；掌握基本技能，如体育健身、户外运动项目的基本技能。另外，还要熟悉国家有关体育健身市场的方针政策和法律，了解该方向的前沿动态，掌握体育馆场、户外活动线路、地方旅游资源等情况。

在能力方面，创新能力对于每个行业来说都是必备的一项能力，在户外运动中更是如此，策划体育项目与推广需要更高的能力需求，同时培训课程设计、咨询、指导能力也是不容忽视的。户外方向还需要具备社会服务能力，能够从事体育相关的社会服务工作。

在素质方面，强调政治思想和身心素质。专业素质是对户外运动人才的特殊性要求。

在人才培养规格上，高校在知识、能力、素质这三方面的培养与市场需求还是存在一定差距的。目前，户外运动人才市场的需求定位是一专多能人才，而高校在知识方面是以体育专业学科知识为主，以运动生理学、运动解剖学知识为辅，对经营管理类、摄影类、预防急救类、地质学、动植物学科等相关知识不够重视，这就会导致"多能"人才的缺乏。能力要求是户外专门人才培养规格实质性要求的外在表征和重要特色。通常而言，户外方向是典型的应用型专业，因此，在能力要求方面，相对其他人文社科类专业而言更加突出一些。

第二节 户外运动课程教学理论与组织

一、户外运动课程教学理论

"户外运动教学内容丰富，课程设置科学合理，传授的知识、技术、技能面广。"① 就体育课程来说，户外运动是高校传统的素质教育体育课程中的一个全新要素。户外运动课程可以有不同的侧重点，有的学校侧重于学生生理上的健康以及未来发展，而有的学校则侧重于学生心理上的锻炼和发展或者是重点提高学生对于社会的适应能力。户外运动类体育课程的综合性是很强的，包含很多其他的领域，如心理、教育、管理等众多学科。因此，对于户外运动类的课程，我们需要不断建构更完善的教学体系，不断加强对其理论知识的研

---

① 陈志坚，董范. 户外运动教学体系的研究 [J]. 武汉体育学院学报，2006（06）：106.

究，科学、有依据地进行总结和分析，梳理发展历程，总结经验教训，探究户外运动未来的发展方向，对户外运动课程进行更详细、更具体的指导，探寻合理的课程内容和教学方法。

（一）户外运动课程教学的心理学基础

户外运动教学有着很强的心理指向性，无论是在整个教学的组织过程中，还是内容设计、教学模式、环境设计等方面都有着重要的体现。也正因为如此，心理学理论对课程的开展有着极其重要的影响，在心理学理论中，对于户外运动课程教学产生主要作用的理论有如下几个方面。

1. 态度理论

在高校户外运动课程教学中，态度主要是指学生对某一特定对象时的认知、评价和价值判断过程中所产生的一种心理倾向。态度主要由认知、情感、评价以及意向等要素构成，它的对象既可以是人，也可以是一个具体的物，甚至可以是一个抽象的概念。在态度的系统理论中，最基础的要素就是认知，因为自身的认知会对学生的行为以及意向产生重要的影响。

2. 社会学习理论

在高校户外运动课程教学中，社会学习理论有着不可忽视的作用，指导着户外运动教学的开展，主要体现在观察学习和自我效能两个方面。社会学习理论是一项具有较强指导性的心理学理论，个体会在此理论的引导下，不断学习以往成功的经验和具体的行为，以取得成功。

3. 归因理论

归因理论是心理学理论的重要组成部分。心理活动的归因、行为归因、对个体未来行为的预测是归因理论的主要组成部分，主要指个体心理活动的产生应归结为何种原因。根据个体的具体行为和外部表现，对其心理活动进行推测，对其今后在一定情境下会产生怎样的行为进行预测。归因主要是通过对个体的外部行为特征进行解释和推断，得出其行为发生的主要原因，是个体对他人或自己的行为进行分析、解释和推测其原因的过程。

4. 目标设定理论

在高校户外运动课程教学中，教师根据学生的具体情况制定出特定行为标准，教师所制定的每一个教学目标都具有一定的倾向性和针对性。它的主要特性表现在方向和强度上。在高校户外运动课程教学中要重视目标设定理论，在进行目标设定时，要做到明确、具体、现实且具有挑战性，做到长期目标与短期目标的有机结合。

科学合理的目标可以有效地激发学生的身心能量，增强学生面对挑战性目标时的自信心。自我效能感主要是个体对自身能力的一种认识，它并不是指个体所具有的技能如何，而是针对个体在面对某项任务或工作时，对自己能力所表现出的一种自信。在户外运动中，个体的自信度是完成运动的重要前提，只有相信自己一定能够达到目标，才能在过程中更加积极自信，才能取得较为理想的完成效果。

个体的学习过程常可分为直接经验学习和间接经验学习两个方面。直接经验学习是指个体通过具体的实践来获得知识和经验的过程；间接经验学习则大多是通过个体观察和口头传授的方式来获得知识和经验的过程。相比直接经验学习，间接经验学习更加迅速和便捷。而观察学习作为间接经验学习的一种重要手段，可以有效提高学生的学习效率，并能够及时在他人的学习方式、人际交往和学习状态中获得有效的知识和经验。

明确的目标还可以提高学生的注意力，使学生能够将心理和行为都集中在练习任务的完成上。学生在合理目标的指引下，可以培养其不怕困难和挫折的坚毅品质，即使在面对挫折时，也能保持对学习的清醒认识，继续朝着预定目标而努力。

(二) 户外运动课程教学的学校体育学基础

高校引进户外运动新课程，必须以学校本身的体育教学体系的实际情况为基础，合理运用现有的教学资源。户外运动课程已成为高校体育教育中的一部分，无论是教学目标还是组织形式，都要符合实际情况。

(三) 户外运动课程教学的管理学基础

高校户外运动课程融合了许多学科知识。在教学中，户外运动课程在原有的高校教育体系中增加了大量的管理学知识，以提升高校学生全方面的素质。以德智体美劳全面发展为重心，不再仅仅是掌握一门运动技能。将教学计划的制订、组织协调、教师的领导力、过程的控制以及团队理论研究等融入管理学理论知识，保证教学的顺利开展。

不同的高校会根据各自学校不同的实际情况、户外运动场地的特点、学生素质等众多客观条件，在课程教学内容上有所侧重，但教学重点仍旧是户外运动所必需的基本管理学知识。

(四) 户外运动课程教学的教育学基础

健康教育和素质教育是高校体育教育系统的重要元素，是开展户外运动课程的重要核心。在高校户外运动课程教学中，教育学理论对其产生的影响主要体现在为整个教学理念的形成提供研究范式和理论依据。随着教育改革的不断发展，现代教育学理论也在不断转变，创建出新式的体验教学理论。

在传统的基本课程教学内容和教学理论中，加入新的元素，符合学校教育系统的基本要求，进行教学理论的研究也应在学校教学研究的整体范畴之内。换言之，教师在进行户外运动课程的教学理论研究时，可以将一些具有针对性的教学研究结果作为基本的理论依据，进一步完善和发展户外运动课程的理论体系。

在研究户外运动关于教育目的、内容、方法、基本途径、形式、相互之间关系以及教育本质、过程、主体、制度、管理等方面的问题时，都可以通过教育学的研究成果来进行系统的分析和总结，选择出针对户外运动发展特点的理论研究依据。通过小组的形式来完成同一户外项目，不同小组的学生会在讨论过程中形成独具特色的完成方法；在完成的过程中，各个小组可以做到相互学习和补充，实现所学知识的相互传递和延伸。

（五）户外运动课程教学的社会学基础

每个个体都有着属于自己的社会属性，高校的户外运动课程自然也不例外，有着属于自己的社会联系。社会学理论包含的内容有很多，户外运动课程的发展离不开社会学理论的直接引导和间接引导，想要对主体实现社会化教育的目标，理论学习不可忽视，教师和学生都需要在一定社会规律的制约下进行户外运动的教学与学习。

社会学理论的发展速度十分迅猛，同时得到了广大学者的广泛关注，并逐渐朝着研究社会结构微层面的方向发展，如种族、性别、社会阶层及家庭等。高校户外运动课程教学的理论基础内容较为丰富，它包含了几乎所有与户外运动教学内容相关的学科理论。高校教师在进行户外运动课程教学时，应严格按照其基础理论的要求进行教学设计，只有保证整个教学的全面性和针对性，教师才能在教学中做到有的放矢，才能更加有效地提高学生的户外运动水平。

二、户外运动课程教学组织

（一）户外运动教学概述

户外运动教学是指在教师有目的、有计划、有组织的指导下，学生积极主动地学习和掌握系统的户外运动基础理论知识和基本技能，提高学生身体素质、心理品质和适应能力的一种教育活动。户外运动教学是完成体育教育任务的基本途径之一，它以户外运动（包含野外生存、攀岩、定向越野、拓展运动等多个项目）体育课为主要组织形式来实施。

1. 户外运动教学的内容

（1）户外运动教学内容体系的理论基础。

第一，良好的身体素质，健康、成熟的心理品质，以及基本的户外理论知识和技术技能是完成户外运动教学的必备素质。

第二，在郊外或学校周边，利用自然环境条件进行有针对性的练习，以达到户外运动所必备的素质。

第三，户外运动的理论知识、技术技能，可通过专门的理论与技术训练以及实践操作课的教学来实现。

第四，户外特殊环境中所需具备的心理素质，可通过拓展运动训练来培养。拓展运动心理训练是利用户外活动形式，模拟真实管理情景，对参加者进行心理和管理两方面的培训。主要是通过练习一些有心理挑战性的项目，达到训练和提高心理素质的目的。

（2）户外运动教学内容的结构体系。户外运动教学内容的结构体系由户外运动理论、户外运动实践和户外运动综合训练三部分组成。其理论教学包括户外运动概论、定向运动、生存的技能技巧、户外医学、饮食卫生、危险因素、自救求救等内容；实践部分的内容则更加丰富，包括身体、心理、技术和技能四个方面的训练。通过对户外运动理论知识的学习和配套的实践训练，采取野外生存综合训练的方式对学生掌握的户外运动技术技能的水平进行检验。

（3）户外运动教学的教学大纲。完善户外运动课的教学大纲，对教学的进度、内容、任务、组织方法做出具体的安排，其目的是使学生掌握户外运动的相关知识、技能，培养学生的实践操作能力与团队精神。

第一，优化理论课与实践课的学时搭配结构。通过对学生评价、教师评价以及教学效果的信息进行归纳分析，优化理论课与实践课的学时搭配结构。

第二，优化调整教学计划。通过对教学效果、学生反馈的信息进行归纳分析，对教学内容的先后顺序进行调整，使其更科学、更符合户外运动教学的特点，使教学效果更加良好。

2. 户外运动教学的特色

（1）教学目标多重性。通过传授户外运动项目所需要的基本知识、技术、技能，培养学生参与户外运动及相关竞赛所必需的身体素质、心理品质和适应能力。除此之外，在户外运动的教学实践中，培养学生的团队协作精神，锻造学生顽强、坚忍的意志，也是户外运动教学的重要目标。

（2）教学内容多元性。教学内容突出知识性、实用性和安全性，强调素质教育，尊重学生的人格，重视发掘学生的个性，培养学生的综合能力，培养学生形成健全的人格。户外运动的教学内容丰富多元，适应在校大学生的个人发展需求。

（3）教学手段多样性。相对于普通体育项目教学，户外运动的教学手段更加丰富多样，其不仅有理论知识的课堂教学，也有实践部分的野外实习，还有生存综合训练。形式各样的教学手段，保证了学生在课堂上能够学习户外基础知识，在野外环境中实践技能，使学生能够在轻松有趣的学习环境中，有效地掌握各种户外运动知识与技能。

3. 户外运动教学的目标

（1）通过学习户外运动基本理论知识，使学生了解户外运动的起源、发展、特点、目的和意义，激发学生的学习兴趣。

（2）通过学习和掌握身体素质练习方法，使学生充分认识到良好的身体素质是进行户外运动的先决条件。

（3）通过学习户外基本医学知识，使学生掌握常见运动创伤的处置方法，增强自我保护的意识、知识及能力。

（4）通过拓展心理训练，培养学生有效沟通的技巧、团队协作的精神。

（5）通过学习攀岩，使学生了解攀岩运动的起源、发展、技术特点和意义，掌握结绳和攀岩保护方法，掌握攀登技术，培养勇敢、积极向上的精神以及团结互助、超越自我的精神。

（6）通过定向越野的学习，使学生充分认识野外定向在户外运动中的重要作用，掌握野外定向的基本知识，熟练地使用地图和指南针，培养其独立观察、思考和判断的能力，培养团结互助、密切配合的团队精神。

（7）通过野外用具制作的学习，培养学生动手、动脑能力，培养团队的协作精神。

（8）通过装备使用及生活技能技巧的学习，使学生学会野外生活的特殊技能，提高在特殊环境下的生存能力。

（9）通过负重行军、丛林穿越、涉水溯溪、扎筏漂流、搭绳过涧、攀岩、岩降、独木桥、野外定向、修建营地等野外生存综合训练，培养学生吃苦耐劳的精神，锻炼学生勇敢顽强的意志品质，培养学生互相帮助、团结协作的团队精神。

（10）通过系统学习户外运动知识，为户外运动科学研究和理论创新提供了人才支撑。

4. 户外运动教学的意义

（1）户外运动教学在自然环境中进行，使人亲近自然、尊重自然、敬畏自然，促进人与自然的协调发展。

（2）体现互动式教学模式，注重实际操作能力的培养，体现了团队协作精神。

（3）使学生掌握参与户外运动应具备的基本知识、技术技能以及参与户外运动的能力。

（二）户外运动教学的组织与实施

1. 户外运动教学的组织实施

（1）教学准备。户外运动教学的时间安排为一个学期。在开展户外运动教学前一学期，应通过学校教务部门和体育教学部门主页、宣传栏等介绍户外运动课程教学的基本情况及管理办法，包括户外运动教学的主要内容、师资、教学手段、开课时间、考核办法等。

（2）户外运动教学分为必修课和选修课两种类型，在校学生通过学校教务系统的选课系统，自愿选课参加学习。对于体育课教学计划的安排，各高校则存在一定差异。

（3）统一组织、合理利用教学资源。理论课进行合班教学；实践课以班为单位进行教学，每班人数控制在 30 人左右

（4）师资安排。根据教学大纲要求，户外运动教学的内容非常广泛，师资团队的组成必须做到科学合理、精干高效。一般而言，理论课的教学需要 5~6 名教师、野外实习需要 7~8 名指导教师。理论课教师必须具备深厚的户外运动理论功底和丰富的实践教学经验；野外实习指导教师则更强调具备熟练、灵巧的实践操作能力以及现场突发情况的控制能力。

2. 教学方式及相关内容

第一，教学采用理论与实践相结合的方式。综合训练作为教学的延伸，通常安排在学期末。

第二，理论课运用多媒体进行课堂教学，实践课则在野外自然环境中进行，并注重学生户外运动技术、技能及生存技术、技能的培养，尽量让学生根据所学的知识自己解决问题，以培养学生的创新、动手及应变能力。综合训练是对学生学习效果及综合素质的全面考核，通常安排在理论实践课后进行。

第三，在实践课和综合训练的过程中，指导教师根据教学要求，对学生进行分组，实行组长负责制，大部分户外活动以组为单位进行练习实践，采取互动式教学。

第四，身体素质练习贯穿于实践课的全过程。一般安排在教学结束前进行，练习时间为 20~30 分钟。

第五，综合训练应选择在经过勘查的、十分成熟的山区进行，采用基地式、穿越式、混合式和特殊式四种不同的方式训练。没有条件的可选择在公

园、城市周边的农村进行训练。

第六，在实施综合训练时，将食品、装备一并发放给各小组，各小组自行安排食品计划。在教师的严格控制下，有条件时可以让学生采集或捕获一些可以食用的动植物，在教学中注重培养学生的生态环境保护意识。

第七，根据训练基地的实际情况，安排攀岩、速降、滑冰、搭绳过涧、丛林穿越等项目的技术训练。

3. 户外运动教学的基本原则

按照教学规律对学生进行指导，在遵循循序渐进、因材施教、教学相长、效益最大化等基本教学原则的前提下，户外运动教学还须遵循以下特殊原则。

（1）安全第一原则。即注重安全第一，把学生的安全放在首位。户外运动教学场所多处于野外自然环境中，具有一定的风险性，所以一切活动都要在保证学生安全的前提下进行。

（2）学生主体原则。以学生为主体，把学生放在教学活动的中心位置，给予学生主动演示、主动学习的机会，让更多的学生参与其中。

（3）全面发展原则。注重身心的全面发展，既要锻炼身体、提高技能，还要帮助学生增强信心、培养良好的意志品质。另外，户外运动的特殊性还要求学生必须具备更加稳定的心理素质。

（4）绿色环保原则。户外运动教学实践以自然环境为依托，只有尽力保护环境，减小户外活动对生态环境的负面影响，才能保证户外运动的健康可持续发展。

4. 户外运动教学的注意事项

（1）在外出进行野外实践练习前，必须将各项安全事项向学生通告，引起学生的充分重视。

（2）在指导教师中必须安排一名医疗经验丰富的人员，有条件的学校应尽量配备队医，负责野外教学中的医疗工作。

（3）在原则上，野外生存实践训练应当风雨无阻，但若遇到极端天气或因恶劣天气引发的自然灾害，可根据具体情况适当调整训练计划和要求。

（4）当出现不可抗拒因素导致原野外生存实践训练计划无法进行时，应采取紧急预案，确保师生的人身安全。

（5）一切实践活动的开展须确保师生的人身安全，如有学生因个人身体原因实在无法完成训练任务，可以放弃。

（6）树立环保意识，遵循户外活动对自然环境的最小冲击法则，减少因人类户外活动造成的生态破坏。

5. 户外运动教学评价及考核

户外运动教学评价是以户外教学的目标为标准，运用科学的手段对教学效果进行综合判断的教育活动，包括对教师的评价和对学生的评价，是研究老师"教"与学生"学"的活动过程。

（1）教学评价的功能。

第一，诊断功能。教学评价可以了解教学各方面的情况，对教学效果进行判断，客观地评估教学目标的实现与否，找到其中的问题和症结，是对教学的一次科学严谨的诊断。

第二，激励功能。教师和学生可以通过评价结果了解自身在"教"和"学"中取得的成绩和不足，科学的评价可以对教学起到积极的推动作用。较高的评价能给教师、学生带来自信，激发他们向更高目标前进；较低的评价可使教师、学生发现不足，激励其改正不足，争取优秀表现。

第三，反馈、调节功能。在教学评价中应及时反馈教学活动的相关信息，教师和学生可以适当修订计划，优化调整教学行为，从而达到预先设定的教学目标。

（2）教学评价考核的内容。

教学考核的内容包括理论考核、实践操作考核和野外生存实践综合评定。理论考核内容主要包括课堂讲授的户外运动知识；实践操作考核内容主要包括技能技巧；野外生存实践综合评定则由教师根据学生在户外的表现进行综合评定。

第三节　户外运动课程体验式教学模式

一、体验式教学模式

"高校体育教学是保证现代大学生身心健康的关键，体验式教学模式是一种新生的教育理念，广泛应用于体育教学中，能有效培养学生对体育课的兴趣，提高体育教学质量。"[①]

---

① 陈杰. 体验式教学模式在高校体育教学中的应用［J］. 运动精品，2021，40（02）：11.

（一）体验式教学的学说

关于体验式教学，我国很多专家学者经过深入研究给出了不同的定义，归纳起来主要有以下几种学说。

1. 理念说

体验式教学概念引入我国初期，人们关注的是它与传统教学方式在教育思想和教学理念方面的差异。体验式教学是师生的一种生命活动历程，在与自我和其他生命与世界的互动中感受生命、发展生命。其教学过程不仅是理论知识的传授，还有对生命价值与意义的感受。体验式教学从教学理念层次对传统教学提出了巨大挑战。

2. 学习说

我国绝大多数学者从教师"教"的角度对体验式教学进行研究，另外一些学者则从学生"学"的角度对体验式学习展开探索。前者认为体验式教学虽包含体验式学习，但体验式教学是由教师设计与实施，所以研究重点是教师。后者则认为在体验式教学实施过程中，学生是主体，必须对学生体验式学习的欲望和需求、心理和行为进行深入研究，才能保证体验式教学的有效实施。

体验式学习是指在教学活动中，创设一种情感和认知相互促进的教学环境，让学生在轻松愉快的教学气氛中有效获得知识并获得情感体验的一种课堂教学模式。它运用心理学理论，研究学习者的情节记忆、情绪记忆、默会知识和实用智力，强调问题情境下学习者的高层次学习，激发学生的积极思考，使学生在精神放松、思想集中的状态下从事学习活动，在问题解决的过程中体验和感悟，在有限的时间内获得最大的收获。

3. 方法说

所谓体验式教学法，即根据学生的认识过程、认知特点，在学习准备阶段、课堂教学阶段、课后延续阶段和评价分析阶段突出体验的手段，以学生主动参与、主动探索、主动思考、主动操作、自主活动为主，以培养健全的人格和提高心理素质为目标的教育观念和教学方法。它强调学生的主动性、参与性，是学生通过亲自操作和体验来获得知识与掌握技能的一种教学方式，具体方式包括案例教学法、情景模拟法等。

4. 活动说

体验式教学是师生通过各种真实情境的体验活动来完成课堂教学活动。体验式教学是把一些在教学方面意义深厚的、难以用语言表达的、隐含的知识通过具体的活动体现出来，强调先行后知。体验式教学是通过个人在活动中的充分参与，来获得个人的体验，然后在教师指导下，团队成员共同交流，分享个人体验，提升认识的学习方式。

5. 模式说

体验式教学是人们通过实践来认识周围事物，用亲身的经历去感知、理解、感悟、验证教学内容的一种教学模式，它要求教师根据所讲授内容的不同，设计出不同的体验情境，让学生在不同的情境中内化知识、升华情感、积累经验、提高能力。在教学过程中，教师以一定的理论为指导，有目的地创设教学情境，激发学生情感，并对学生进行引导，让学生亲自去感知、领悟知识，并在实践中得到证实。在实施过程中，体验式教学模式强调发挥学生的主体性，强调对学生情感的陶冶和升华，强调培养学生的创新精神和实践能力。

目前，国内学者普遍认同的体验式教学的定义是教师根据学生的认知特点和规律，通过创造实际的或重复经历的情境，呈现、再现、还原教学内容，使学生在亲历的过程中凭借自己的情感、直觉等进行感受、领悟，并产生情感、建构知识、生成意义、发展能力的教学观或教学模式。从这个定义可以看出，人们把体验式教学看作是一种新型课堂教学方法或者学习方法，并且将体验式教学与具体的课程相结合，探讨各类课程的体验式教学方法与策略。

根据定义，体验式教学是体验式教学模式中的一部分，是体验式教学模式的初级阶段。体验式教学模式包含很多的要素与内容，必须经过全面、系统的设计。因此，人们不能把体验式教学与体验式教学模式两个概念混淆。

(二) 体验式教学模式的特征及适用范围

1. 体验式教学模式的基本特征

体验式教学实际上是"为了体验""在体验中""通过体验"的教学。因此，体验式教学具有以下基本特征。

(1) 目标与结果："为了体验"。学生素质中最重要的价值观、态度、情感、人格以及责任心等品质的培养都是在体验过程中实现的。其实现的程度与水平如何，则取决于学生在体验过程中的选择与发展机会。体验式教学将科学实验目标蕴含于体验过程之中，不只是看重学生获得知识的结果，更是特别关注学生体验的态度与情感等，关注体验过程本身对于学生态度与行为方式的价值。即体验式教学更加注重学习过程的主体性体验之于生命成长的意义，注重给完美人格的养成提供更多机会、更大空间。

(2) 情境与氛围："在体验中"。学生的主体发展是教学的出发点和归宿。"在体验中发展"正是对体验式教学精髓的高度概括，是体验式教学的基础和切入点。体验式教学重视体验的独特价值，强调"体验"在人的发展中的作用。对学生的发展来说，无论是思维、智力的发展，还是情感、态度、价值观的形成，都是通过主体与客体的相互作用实现的，而主客体相互作用的中介正是学生的体验。唯有体验，才能实现多种潜在发展可能性向现实发展确定性的转化。为此，教学的关键就是要创造出各种情境和条件，让学生作为主体去体验，使其在体验中完成学习对象和自我的双向构建，最大限度地获得身体和心灵的解放，最终实现主体的主动发展。

（3）途径与方法："通过体验"。实践是人类发展的源泉和动力，实践对成长中的学生个体具有重要意义，实践过程就是个体体验的过程。所以，教学总是与学生的体验并行，教学不可避免地在学生的体验中展开，学生的经历成了教学的起点，学生的经验成了教学的背景。这就必然要求教学要以体验为主要途径，教学程序的安排和组织实施必须以学生的主动体验为中心。因此，体验式教学的实质就是要求把体验作为学生主体学习和发展的基本途径，借助体验这一学习方式来真正确立学生在教学过程中的主体性，使学生享有更充分的思想和行为自由，拥有更多的发展、选择机会，使学习主体化、主动化。体验式教学具有亲历性、个体性、趣味性和创造性等特点。

2. 体验式教学模式的适用范围

体验式教学模式应用范围非常广泛。今天，"知识"的概念早已突破了科学知识的狭窄范畴。

体验式教学模式适用于所有的知识或学习领域，关键是如何设计、组织和实施，这正是体验式教学模式设计要解决的关键问题。体验式教学模式是所有学科的"黏合剂"，黏合的基础就是学生作为"整体人"的发展。但是，体验式教学模式并不能完全替代传统教学方式，只是一种有益的补充，只有两者有效结合，精心设计，才能使学习者在高效率地掌握显性知识的同时，又能感悟隐性知识，并将两者整合与内化。另外，高校具有优越的教学资源，大学生也受过良好的教育，具有一定的分析思考能力，这也为开展体验式教学提供了良好条件。

（三）体验式教学模式创新之处与价值

1. 体验式教学模式创新之处

体验式教学模式借鉴哲学、社会学、心理学、教育学等最新研究成果，依据现代教学理念和教学手段，形成了有别于传统教学方式的新模式。体验式教学与传统式教学相比，不是简单的教学方式的改变，而是将认知过程与情意过程进行融合与统一，从而形成了教学理念、教学方法、教学手段、教学评价的综合创新。

（1）教学理念的创新。长期以来，我国的高等教育一直以传统的讲授式教学模式为主。这种教学模式十分重视教师在教学中的核心地位，教师是知识的主宰者，一切教学活动都以知识的传授为主导，缺乏师生间的情感交流，缺乏对学生内在经验、自身感受在学习过程中所起作用的正确认识。这不仅影响学生认知发展的有效性，也使学生的个性、沟通、创造力受到极大的抑制。同时，这种教学模式只是注重所有学生的共性，却很少关注每个学生的个性，不利于个体创新意识的体现和个体自我认识、自我教育能力的发展。

在知识经济时代，人们面临着知识的爆炸和信息技术的革命，这使得教师不再是知识的垄断者，从教师那里获得知识也不再是学生获得知识的唯一途径；社会对学生的认可也更为多元化，如包含了智力、情商、能力等方面；学生面临的生存环境更为复杂，单靠高学历和高智商已难以应对。因此，现代教学理念必须以人的整体塑造为核心，以培养具有知识、能力和人格魅力的完整生命为终极目标，否则学生很难适应社会经济发展的要求。体验式教学模式以关注学生生命的完整性、独特性、生成性、自主性，关注学生的精神成长与人格健全为核心，形成了一种新型的教学理念。

体验式教学理念与传统式教学理念相比，变"以知为本"为"以人为本"，变"师为主导"为"师生平等"，变"注重结果"为"注重过程"，变"知识传授"为"整体塑造"。体验式教学理念强调教学中学生的主体地位，积极倡导对学生知识学习、人格健全、完整生命成长与发展的全方位关怀，更强调师生之间知识交流与情感交流的融合以及教学过程中认知过程与体验过程的统一。

（2）教学方法的创新。传统式教学以知识为导向，实行程式化、模式化的教学方法，强调知识获得、目标达成和学习系统性的教育。然而，这种传统模式的教学效果不够理想，使学生感到枯燥乏味，失去专业热情，造成"高分低能"的不良后果。体验式教学使学生在特定的教育情境中产生内心反省、内在反应或内在感受，这是主动探究、创新思维、自我体现和快乐认知的过程。体验式教学在当代教育中应是不可或缺的。

体验式教学在"以人为本""师生平等"的理念指导下，一改传统教学方法，强调教师融于学生之中，现实融于情境之中，知识融于思考之中，快乐融于体验之中，通过阅读、互动、实践、反思等多种体验方式，把学习结果与学习过程有机地结合起来。体验式教学通过创设情境、提出问题、学生参与、教师点评等环节进行体验设计，主要从个人发展和团队建立两个方向切入，强调"从做中学"和"从体验中感悟"；体验式教学通过情景模拟、角色扮演、实战实训等多种课堂教学形式和实地参观、专题讲座、知识大赛、实践演练等多种课外学习形式，以及教师指导、学生参与、师生互动等多种教学方法，使学生始终保持学习热情和兴趣，充分开发和挖掘学生创新思维的潜能。体验式教学使学生更注重学习的步骤、学习的方法和学习的过程，注重获得知识和技能的途径以及能力的培养。它不是不要结果，而是强调在"过程"中获得"结果"。体验式教学能够为学生提供更大的思考空间和更多的表现机会，所以一直被国外教学改革的倡导者们青睐，同时也受到国内一些高校的推崇和学生们的喜爱。

（3）教学手段的创新。近年来，虽然多媒体教学得以实施，但教学手段的现代化局限于服务知识的传播，没有产生学习方式的变革。体验式教学手段创新的实质是实现教与学方式的根本转变。与传统式教学手段相比，体验式教学手段不仅是对现代教育技术的使用，还是对各种教育资源的整合。体验式教学强调传统手段与现代手段相结合、手工手段与电子技术手段相结合、模拟仿真手段与实操手段相结合，从而形成一套丰富多彩、相互补充、相互完善的现代教学手段的综合运用体系，使学生始终处在一个愉悦的学习环境中，进而变得思维活跃、视野开阔、兴趣浓厚。因此，体验式教学将传统和现代教学手段加以综合运用，并借助多媒体、网络平台、计算机模拟技术、模拟沙盘等，实现了课堂教学的情境化、模拟化和教学内容的形象化。

体验式教学有助于扩大媒体的教学信息量，更新教育教学内容，提高教育效率。体验式教学有效实现了现代的教学手段与先进的教学方式相结合，主要体现在三个方面：①在课堂上传输大量的、生动的信息；②使学生处于具体的环境之中，成为教学活动的积极参与者；③使学生综合运用多学科知识分析和解决问题，使学生真正产生感官、情感、思考、行动、关联的体验，在心理上产生一种积极探究某种事物或从事某种活动的意识倾向，而这种学习兴趣恰恰是推动学习的精神动力。

体验式教学关注每一位学生的成长，实行个性化、差异化的教育。因此，除了课堂上的体验式教学外，体验式教学还要充分利用现代通信技术、校园网络等现代化手段，有效地构建师生之间交流的桥梁，有效地实现知识的交流、信息的共享、情感的沟通，形成师生间良好的互动，真正体现人文关怀。

（4）教学评价的创新。传统的认知式教学一般采用统一的标准和固定的模式，针对教师的教学内容、教学形式和教学效果进行评价，以及参考固定答案，通过各种考试对学生的学习结果进行评价。

在体验式教学模式下，教学评价的创新体现在以下三个方面。

第一，基于项目的评价。在体验式教学中，学生通过参与各种实践项目，运用所学知识解决实际问题，并展示项目成果。评价可以根据项目目标和要求，评估学生在项目中的发展情况、解决问题的能力、团队合作能力以及创新思维等方面的表现。这种评价方法能够更好地反映学生的实际能力和潜力，促进学生的全面发展。

第二，个性化评价。不同学生有不同的学习特点和发展需求，在评价过程中应该考虑到学生的个体差异。可以通过学生自主制定学习目标和评价标准，进行学习档案的建立和跟踪，并根据学生的表现提供个性化的指导和扶持。这种评价方式能够激发学生的积极性和主动性，促进学生的个性化发展。

第三，多元化的评价。传统的评价方法主要以考试成绩为主，忽视了学生在其他方面的潜力和能力。在体验式教学模式下，可以采用多种评价方式，如口头报告、实践演示、作品展示等，综合评估学生的认知、情感、社会与实践等多个方面的能力。这种评价方式可以更全面地了解学生的发展情况和进步，为学生提供更有针对性的指导和支持。

2. 体验式教学模式的价值

体验式教学的价值和意义并不只是它提出了一种新的教学形态，更重要的是其提供了一种有助于学生主体性发展的教学理念，真正体现了以人为本的教学价值观和培养综合能力的教学目标。

（1）有利于确保学生的主体地位。真正的体验，都是人的内心世界的一种发展变化的过程，与主体生命的整体相关联。因此，学生在体验中，需要自我的融入与感悟。同时，体验总是根植于主体的精神世界，任何一个人总是根据自己的需要、方式和特点去体察、去感悟，获得与众不同的感受和见解。由此可见，体验教学实际上就是强化学生对教学的主动参与和对学习内容的积极把握，以使人的自然性、社会性和自主性和谐发展。

（2）有利于加速知识经验转换。学生在课堂教学中不断接受知识、积累经验，但是这种知识和经验往往是平面的、抽象的，难以被内化为学生独特的知识和经验结构。体验教学打破了机械孤立的学习状态，促使学生在解决问题时能综合运用自己已有的知识和经验，从而获得新的结果和感受。

（3）有利于创新精神和实践能力的培养。体验是创新精神和实践能力得以产生的中介，是个体化的心智活动，它总是与个体的自我意识、情感态度和价值观密切相关。在积极的体验中，个体可以充分摆脱外界的束缚，不断产生新的联想和想象。换言之，体验教学可以帮助学生养成创新意识、创新思维和创新习惯。因此，体验教学有利于创新精神和实践能力的培养和发展。

二、体验式教学的具体方式

（一）情境体验教学

情境体验式教学指的是就某个知识点，教师运用音乐、道具、特定的游戏等设计相关的情境并将场景创造出来，使学习主题和学生的实际生活相结合，师生经过协作探讨之后进行深层分析，教师让学生用最直接的形式对理念和知识进行感悟和吸收。在教学过程中，教师的任务是指引学生按照相关流程和逻辑对相关问题进行讨论和思考，并使其最终获得自己的理解。情境教学的目的是使学生能够真实且充分地体验并感悟，将学生内在的和谐发展机制调动起来，进而促使知识实现有效转化。

1. 情境体验教学的基本特点

（1）独特性。某一情境中的构成要素（如时间、空间、事件、人物、活动）都具有即时性，无法被复制。情境具有的独特性的特点要求教师在进行情境设计时要根据学生的情况、教学的具体内容和外部的条件等要素来决定。

（2）多元性。按照情境和现实存在的关系进行划分，情境包括想象情境、模拟情境、现实情境等；按照情境所涉及的主题进行划分，情境可以分为体验美的情境、体验成功的情境、体验友谊的情境等；按照情境产生的条件进行划分，情境可以分为创造情境、应用情境、发现情境、呈现情境等；按照情境表现出的特征进行划分，情境包括问题情境、生成情境、探究情境、合作情境、活动情境等。情境的划分也不是绝对的，情境的场合、主题、产生条件等特点是综合在同一个情境中的，不同的划分方式是为了应对不同的问题，便于人们思考。

（3）开放性。缺乏师生动态参与的情境，只能说是场地和要素的堆砌。如果要想让某个"场合"转变为教学情境，师生就要参与到这个"场合"中，并在其中进行思考、体验、理解和活动，同时将一定的教学目标完成。情境体验教学的开放性要求情境应该为师生动态的、创造性的参与和交流留有余地。

2. 情境体验教学的设计要点

情境体验教学的设计导向为教学目标，载体是师生的动态活动，内容是科学整合教学或课程资源。体验教学情境设计还必须注意以下几个方面。

（1）增强体验情境设计的有效性。这就要求情境一定要丰富且生动，同时要将知识产生的背景进行还原，让实际生活同教材的内容相互连通，并能够把学生的兴趣和情绪体验激发出来。为了能达到上述效果，教师在设计情境时要充分利用多媒体、道具等教学设施，采用不同组织形式，避免出现有情境、无体验的情况。

（2）加大体验情境设计的可操作性。虽然体验情境的创设需要一定的外在条件，比如实物、道具、多媒体等，有时甚至需要协调各方面的关系，把场景设置在校外。但在独特的情境体验教学中，更强调教师的作用，而不是外在的教学辅助物。

其可操作性的要求包括：①教师设计的教学辅助条件应易得或可以被替代；②设计具有吸引力而且比较容易控制；③情境设计要避免"泛化"与"神化"。

情境体验学习具有传统学习方式无法匹及的优势，但并不是全部学习内容都要应用情境体验学习的方法。教师的讲解是体验教学中不能缺少的部分，而教师在课堂之外还要针对学习的重点和难点进行适时引导和启发。体验式教学不是排斥传统教学，反而是一种继承和创新。

（3）提高体验情境设计的互动性。在情境教学中我们必须建立师生互动的、动态的、生成的关系。教师担任着一种或者几种角色，如组织者、引导者、推动者、支持者、裁决者等，和学生一起体验并相互分享，由此构建出的教学互动具备了民主、平等的特点。

3. 情境体验教学的实施流程

教师在进行情境设计时，既要考虑教学条件和课程内容等因素，采用不同的方式与手段，还要进行通盘规划，在教学过程中交互应用或整合使用不同方法与手段创设的情境，给学生一种良好的体验。

（1）创设体验情境。创设一个好的情境是教师引导学生进行情境体验的关键。所以，在教学过程中，教师要将一切资源都利用起来，采取适当的方法或者手段，创设出一个相对真实且生动的情境。

第一，运用语言创设体验情景。语言传递的内容之广、速度之快是其他任何一种形式所无法比拟的，语言是最便捷的一种传递方式，它无需借助于其他任何的外在工具。因此，最为便捷、最为经济的手段便是运用语言创设情境。

运用语言创设情境指的是教师使用情趣、生动、形象的话语，将事件发生的场景、事情的经过、人物的内心世界等描述或勾勒出来，让学生在描绘过程中进入情境，进行深刻而有意义的体验。对一些时空跨度较大的实际问题，学生不便于进行真实情境的体验，这时教师就要运用语言创设情境让学生从中获得体验是最佳选择。

第二，运用多媒体创设体验情景。文本、图像、动画和声音等多种媒体被集合在一起是多媒体最为显著的特征，多媒体在表现力、感染力和吸引力等方面较为突出。运用多媒体创设体验情境指的是教师利用光、声、形、色的传递，把学生的感官有效地调动起来，将学生的情感活动诱发出来，把学生的注意力和兴趣激发出来，使学生进入情境教学之中。

（2）引导体验。体验情境创设完成后，学生应该在教师的引导下对情境的内涵进行挖掘，对情境的特征进行分析，对情境的问题进行探究，从不同的方面体验情境。教师在引导学生进行情境体验的时候，要注意以下问题。

第一，找准情境中的"体验点"。"体验点"指的是能够建立新旧知识的联系，引起学生的情感共鸣的情境。所以，实现有效体验的关键是将"体验点"准确找出来，这在某种程度上对情境利用的效果有决定性作用。

第二，把握引导的时机。学生对情境往往会有自己的体验，有消极的体验，也有积极的体验。教师要及时进行引导，让学生的体验向着健康的方向发展。教师实施引导的前提条件是学生确实需要或者教师认为有必要。如果教师对学生的体验随意进行引导，学生的思维将会受到干扰。

第三，调整引导的力度。教师的引导不仅要杜绝空泛，以免让学生无法找到要领，还要避免过于直截了当甚至包办替代。教师只有把引导的力度控制在合适的范围内，才能让学生的主体性充分发挥出来。

（二）活动体验教学

体验的产生源于体验者亲身接触体验对象时获得的感受。体验式教学不可或缺的组成便是活动体验教学。亲自参与活动而得到的体验或感受要比单纯的讲解、分析或者说教更深刻，更让人难以忘却。因此，在活动中"以身体之，以心验之"更加具有特殊的意义。

1. 活动体验教学的基本特点

活动体验教学是以"活动促发展"为指导思想，以学生主体活动为基础开展的教学。活动体验教学是一种新型的体验式教学模式，它的主要形式是构建实践性、操作性、教育性、创造性都较强的学生主体活动，其基本特征是鼓励学生主动参与、探索、思考和实践，其核心是让学生各种能力的综合发展得以实现，其目的是让学生的整体素质得到提高。活动体验教学也可以被称为"活动情境"，但"活动"和"情境"不能完全等同。活动体验教学更加侧重学生即时的、直接的经验；情境体验教学有时需要学生"移情"体验情境，强调间接经验。因此，活动体验教学的主要特点在于亲身体验现实以获得直接经验。

2. 活动体验教学的设计要点

活动体验教学设计的要求，很多都和情境体验教学设计的要求类似，设计活动体验时也应满足活动的有效性、可操作性和互动性，但它也有其特殊之处。

（1）活动体验方案应具有较强的可操作性。比较而言，许多情境体验教学的设计并不要求改变学生的外在行为，学生可以在适当的情境中，通过想象、移情、角色体验等达到情境体验的设计要求。活动体验则不然，它要求学生直接与人、物以及环境发生联系，在直接经验中发生体验。在有限的教学资源环境下，活动体验教学的设计一定要将时间、场地、人员和设备等考虑在内，活动要对学生具有一定的吸引力，这样才能让活动继续下去；在策略上，尤其是组织和推动活动的策略等要准备充足；在形式上，营造热烈的氛围很有必要；在时间上，要保证活动能持续一定的时间。

（2）学生需要先于活动体验主题。活动体验教学设计中最为重要的部分就是确定活动体验主题。明确的主题是活动准备和策略选择的基础。需要注意的是，在确定主题时，教师要考虑的是学生的需求，教师应确立活动体验主题的原则。这意味着进行活动体验设计时，教师要对学生的特征、兴趣和需求进行把控，再结合自身的能力，围绕着教学的需求找到合适的主题。

（3）注重开放性和生成性的融合。活动的开放性和生成性两者融为一体，不可分割。体验教学活动的目标、主题和形式是开放的，师生的参与行为以及他们在过程中的体验也是开放的。活动的开放性决定了活动设计不是依靠机械的控制，而是一个需要整体把握的统一的、发展的系统。

（4）有鲜明的层次性。每个活动都具有独特性，这就导致活动中会出现差异。在活动进行中，活动的内容从容易到困难，活动的程度由简单到复杂，活动的水平由低到高，活动的主题从浅显到深刻、由单一到丰富，这就是活动本身所展现的层次性。这就要求教师根据学生的实际能力，有针对性地设计体验活动。

3. 活动体验教学的设计种类

（1）考察与调研活动的设计。考察与调研的形式有多种，如实地考察与调研、座谈、采访和网络调研等。其中实地考察与调研是被运用最多的方式，网络调研是学生乐于采用的新形式。考察与调研活动能让学生深入现场并全面感受，使学生的视野不断拓展，是课堂学习的延续和深化。考察与调研活动的设计要将考察的对象和任务明确下来；活动前学生要将资料、工具等准备好；其任务会有一定难度，特别是校外考察与调研；在考察与调研过程中，教师要注意组织和引导，考察与调研结束后师生要及时进行交流、考核和评价。

（2）竞赛活动的设计。竞赛是一种能将学生的情绪激发出来的活动，能将学生的主体性调动起来，让其积极参与到教学活动之中。竞赛能将学生的内驱力唤醒，让其斗志昂扬，奋发向上，获得积极体验。此外，竞赛不仅对培养学生的意志力、团队精神、荣誉感等有着积极的作用，还能让学生以正确的态度对待成功或者挫折。

（3）探究活动的设计。探究活动是一种教学活动，教师在选择和确定所要研究的问题时，可以以实际存在的问题、文本或者资料等为主，在此基础上创设一种同研究相似的活动情境，指引学生采取同科学研究相似的方式并经历一系列较为独立的探究活动，以激励学生积极进行探究，让他们发现知识、自己主动去探寻或者建构知识、理解信息、解决问题。这个活动将单纯地传递和教授知识结论的框架打破了，用主动探求、发现知识并再创造的过程替代了被动地接受已经存在的知识或理论的过程。

探究活动要以个人或小组的形式开展，突出知识的应用性，引导师生从现象到本质进行自主思考，并通过交流产生对事物本质的全面认识，从而实现知识的全面运用和能力的全面提高。根据学生自身关心的问题进行学习与探索，使学习行为建立在"我要学"的基础上。同时，在探究的过程中，教师和学生的沟通、学习、创新和协作等综合能力和素质能够得以培养。

探究活动不可忽视的一个环节就是交流，它具有经验共享、知识内化、能力提升等作用。对学生来说，学生之间进行经验的分享非常重要，极大地丰富了学生的体验。在设计交流环节时，教师要重视平等、开放，同时注意营造热烈的氛围，用正确的价值观引导。

（三）网络体验教学

体验式教学强调师生的情感沟通与专业交流，共同体验生命的价值和成长的快乐，这在有限的课堂时间内是无法完成的。因此，体验式教学意味着课堂教学只是教学的一部分，而不是全部，教师必须把教学延伸到课外，开展目标多元化、内容丰富化、形式多样化、时间自由化、关系平等化的一系列协作、互动活动。

网络体验教学指的是师生依靠计算机网络或多媒体等技术，就某些学习内容或问题进行交互与协作，使学生能深刻地理解和掌握所教授的内容，体验情感沟通和解决问题的过程。

1. 网络体验教学的基本特点

（1）突破时间和空间的限制。协作者可能是同班师生，也可能是其他专家、教师和学生，他们可以在任何时间进行交流。在协作中，可以产生各种形式的交互，这就为师生进行不同程度和形式的参与提供了更多的机会，也让学习者之间的信息知识交流更加有效，以此让沟通效率和交互质量进一步提升。在网络教学不断发展的今天，在空间束缚即将被打破之时，随之而来的是适应社会大环境的学习，这可以促进社会化学习和学习社会化，也让终身学习成为可能。

（2）全面展现问题情境。教师在创设问题情境、进行问题解决教学时，可以利用网络体验教学将学生的参与思维和发现探索的能力激发出来，使学生获得更高一级的认知策略。

（3）交互的可控性。在传统教室内授课时，教师常常会偏离协作者的角色，把自己放在主控者的位置上。之所以出现这样的情况，是因为在教室内形成的协作关系没有具体的系统支持，靠的是默认的规则和意念支持；掌控整个教学过程的教师在学生学习的过程中常用领导、控制和讲授的角色代替参与、指导和咨询的角色。在网络环境中，建立协作关系依靠的是由计算机技术搭建的平台，一旦离开这个平台，师生就不可能实现交互和协作。

（4）分组方式灵活多样。在体验式教学中，团队以小组为单位进行分组。网络的加入使分组的方式更加灵活多样。学生既可以在班级内部同他人自由组合，也可以在必要时通过网络和班级外部的学生进行协作与交流。此外，学生还可以根据自己的学习任务对协作关系进行调整，对学习伙伴进行调换。

（5）简化复杂低层的工作。计算机技术的无条件支持简化了网络教学中复杂的底层工作，如语言记忆、材料分类、繁复数据计算和作图等类似的工作。这样一来，学生就可以集中精力展开高级认知活动，如分析、决策、探索和评价等。

（6）丰富的网络资源。网络为师生提供多种多样的信息资源，这些信息资源具有多样性、丰富性、取用不受限性、问题相关性等特征。

2. 网络体验教学的技术实现

随着网络技术及通信技术的发展，支持网络体验教学的工具也日益丰富。实时、动态、可视化成为网络体验教学的发展趋势。对网络教学的影响最为直接的或者说是核心的技术是计算机、网络多媒体通信、人工智能及虚拟现实等。

目前，在计算机上已经可以非常方便地进行文本、声音、图形、图像、动画、视频信息的处理、存储与呈现；随着相关外部设备的发展，计算机能够自如地实现与其他技术系统的信息交换与共享；随着网络通信技术的发展和通信协议的不断开发以及计算机网络设备的高度融合，计算机已经成为网络通信中的数据处理中心设备和网络终端设备。计算机是网络环境下完成教学或学习活动必需的支持设备。特别是计算机在大学生中较为普及，各大院校基本都开通了校园网，已经具备了网络体验教学的基本条件。

除了硬件条件之外，实施网络体验教学还需要软件配套，其中网络教学领域的通信软件、系统软件、数据库系统、开发工具等相关软件的开发与应用为各种网络教学平台的开发提供了完备的解决方案和丰富的选择空间。

3. 网络课堂的创建与实施

教师可以充分利用上面提到的各种技术实现师生之间的网上互动，目前比较有效的方法是网络课堂。国家和省级精品课都创建了网络课堂，提供了丰富多彩的内容和新颖的沟通形式，受到了师生的欢迎，在教学方面起到了良好的效果，也为实施体验教学以及运用网络体验教学法提供了有益借鉴。

教师将文本、图表、录像、案例、传记、专题、故事等教学资源上传到高校教学系统，学生也可以将获得的信息上传到网络课堂，教师和学生可以共同分享。这种模式可以打破传统信息由教师向学生单向传递的局限，形成师生之间、学生之间多渠道、网络型的信息传递，增加知识传递量，加快知识的传递速度。

实现师生互动与协作的良好的网络学习环境包含人与人之间的相互交流，还有以满足人际互动为目的的网络交互技术、资源和学习社区等方面的要素。师生可以通过网络课堂进行课余时间的互动与交流，教师可以进行作业批改和项目协作等活动，还可以充分利用网络课堂的开放性，邀请企业家和优秀毕业生与学生在线沟通交流，使其对学生的职业规划、职业素质、职业技能等给予指导。

（四）模拟体验教学

1. 模拟体验教学的基本特点

理论知识虽然都来源于实践，但形成体系后又高于实践，因为它具有高度概括、抽象等特点。面对多种多样、瞬息万变的社会实践活动，让学生把学习到的理论知识很好地应用到社会实践活动中，让学生的实际能力和水平得到提升，是教育工作者的首要任务。

模拟体验是学生在教师的指导下，在模拟的环境中，综合运用已掌握的专业知识和积累的经验，处理和解决遇到的各种实际问题，以训练自己的专业技能并培养自己的决策能力。模拟体验是学生巩固和深化理论知识的有效途径，更是学生进入社会之前的"实战演习"。传统教学模式中的这一环节非常薄弱，导致学生无法做到学以致用。通过建立模仿的教学体系，多方面、多角度、多层次地对学生实际能力进行模拟训练，让学生在无风险但有挑战的模拟环境中经历、摸索、思考、总结，实现高素质、应用型和复合型人才培养目标。

课堂是模拟体验式教学的主阵地，模拟体验式教学在课堂上创设的活动是现实生活的缩影。探究活动是模拟的，学生在参与过程中的体悟与收获却是真实的，是为现实生活服务的。模拟活动受课堂所限，规模、形式有所简化，但其过程与方法应体现严谨性、科学性和实用性，切不可将课堂模拟当成演戏或把课堂与现实割裂开来。

2. 模拟体验教学的一般分类

（1）课程单项性模拟体验。课程单项性模拟体验是最简单和基本的模拟体验，它主要针对一门课程的具体内容、环节进行模拟，其目的是为学生提供仿真情境，加深对理论知识的理解或专业知识的运用。课程单项性模拟体验实际上属于理论课体验教学的一部分。

（2）课程综合性模拟体验。课程综合性模拟体验是将一些技术性、实战性较强的课程作为实验课，专业课教师边讲理论边实验，将理论学习与模拟紧密结合，在计算机室或仿真式教室中完成全程学习并进行模拟实验。

（3）专业综合性模拟体验。专业综合性模拟体验是指学生在完成专业课学习的基础上，为了提高学生的综合运用专业知识和专业管理水平，利用计算机软件或仿真环境进行的一整套模拟教学过程。

（4）跨专业综合性模拟体验。学生完成一定量的专业课和选修相关专业课程以后，已基本掌握本专业及相关专业知识。为了使学生对所学知识融会贯通，培养团队精神，开发高阶思维，可以开展跨专业综合性计算机模拟体验。

3. 模拟课堂教学的重要价值

模拟课堂针对性强，问题集中，反馈快，对学生帮助大，学生综合水平提高也快。目前，模拟课堂已经成为教学研究的重要手段，对提高课堂教学质量、促进课堂教学的快速发展具有重要作用。在当前的体育教学中，开展模拟课堂教学可以提高教学的质量，满足教研的要求。模拟课堂在提升体育教学水平方面发挥了积极作用，主要表现在以下几个方面。

（1）提高体育教学研究水平。模拟课堂有明显优势，将模拟课堂应用到体育教学研究中，可以极大地促进体育研究水平的提高。

（2）提高体育教师素质。体育教学应用模拟课堂能够全面展现体育教师的整体素质。模拟课堂为体育教师提供了集中展示素质的机会。在模拟课堂中分享教学意见和建议能让体育教师有所收获，达到全面提升教师素质、让体育教学方法全方位发展的目的。

（3）满足体育教学。体育教学对教学实效性的要求和其他学科教学相同。将模拟课堂应用到体育教学研究中可以让体育教学的实效性达到教学大纲的要求。模拟课堂有教学方法上的优势和促进体育教学研究发展的作用，吸引高校把模拟课堂当作体育教研的必备手段。

（五）实训体验教学

学校会在人才培养规律和目标的指引下，训练学生的职业技能和职业素养。与课堂教学与模拟实验相比，实训具有开放性和独立性，对学生的约束性和指导性更强。对于对实践要求较高的专业，学生要通过实训掌握各种技能，培养职业素质。实训一般以市场人才需求为导向，以提高学生专业素养、帮助学生择业就业、让企业用人称心为最终目的。因此，体验式教学模式必须增强实训环节的安排、设计与实施，弥补目前高校中实训环节的缺失。

1. 实训体验教学实训课程

实训课程是针对具有一定理论基础的学生，在拥有专业理论知识和多年实战经验的教师指导下，以市场为依托，融"教、学、做"为一体，强调教学过程的实践性、开放性和职业性，以培养学生的能力为中心的体验教学。实训课程与实习和实践环节相比，目标明确、内容统一、计划周密，便于师生的共同参与，也便于教师的指导和控制，而且实习和实践则更加社会化和自由化。实习的目标和内容涵盖整个专业，时间比较长。实训课程强调以实战为主、理论为辅的教学方法，鼓励学生积极主动参与并亲身实践，让其在极短的时间内提高专业技能、实践能力、工作效率和团队合作能力等。

（1）开设实训课程的前提条件。

第一，实训对象必须掌握一定的专业理论知识。实训的目的是让学生更好地具备职业素质或掌握专业技能。职业素质的培养需要经过专业的学习和长期的积累。专业技能的掌握也需要经过理论学习，掌握其基本原理，再经过实训课程的磨炼，才能使学生在真实的体验中进行领悟和感受。

第二，保证实训岗位的真实性或实训岗位仿真程度高。实训场地的布置、实训资料的设计都应与学生未来的职场氛围尽量相似，使学生有身临其境的感觉，这样他们更容易进入角色，体会到自己的职责和业务范围，最大限度地缩短入职后的磨合期，快速达到用人单位的要求。

第三，拥有丰富实践经验的指导教师。教师应具有丰富的临场指导经验和较高的指导能力。实训体验教学的重点是解决问题和做出决策。教师应从疑点、重点、难点入手对学生进行启发式提问，并模拟指导，让学生发现、分析和解决问题，给学生自主空间的同时留下反思的机会。这就要求教师不仅要系统掌握体育专业基本理论，了解相关专业知识，还要具有较丰富的户外体育实战经验。

第四，编制实训教材或指导书。目前，高校实训体验教学使用的教材多为实训指导书，此类图书大多根据实训理论教材编写而成。教材所涉及的内容和企业急需的职业技能有一定偏差，学生无法依据实际情况和技术的要求发现和解决问题。所以，高校应该组织专门力量对实训教材认真编写，教材应该包括实训任务、实训内容、实训程序、实训要求、时间安排和考核等详细说明，学生在实训教材指引下，进入自主学习状态，在实训过程中扮演不同职业人员，履行岗位职责。

（2）学校实训基地的建设。学校实训基地包括校外实训基地和校内实训基地两部分。实训基地建设要坚持先外后内的原则，即先寻找校外合作单位，建立校外实训基地，其投资少、岗位真、效果佳；再考虑校内实训基地的投资建设，方便管理学生，也有利于教师科研。

建立相对稳定的，能反映岗位、职业、行业发展方向和水平的校外实训基地，可以充分满足学生进行实际训练的需要。校外实训基地的建设通常采用与企业合作的方式，实现实训资源的社会流通与共享。充分发挥校外实训基地的作用，不仅能解决学校实训条件不足、实训手段和条件滞后的难题，而且有利于学校轻便灵活地调整专业设置。

校内实训基地的建设与运作可以采用多种有效方式，如"三合一"校内实训基地。所谓的"三合一"校内实训基地包括教学与技术开发、服务合一的教研合一基地、实训与生产合一的校企合一基地、课堂与实训点合一的学做合一基地三种类型。

（3）组织实训课程的步骤。

第一，准备工作。实训组织与管理的准备情况决定着实训效果。因此，实训开始前教师要到实训场地进行检查与布置，对实训过程中所需的设备、工具、材料等做好充分准备，落实设备操作过程中的安全保护措施。

第二，教师讲解。指导教师讲解实训目标、操作步骤、结果形式与评价办法等，并对安全保护措施提出具体要求。

第三，示范操作。对于技术性操作实训，其示范操作主要由指导教师或师傅完成，也可以安排学生做示范，操作过程可以辅以简明准确的讲解。教师要提醒全体学生注意容易操作失当的环节，并提出正确的操作方法以及预防不良操作习惯的方法。

第四，分组与布置任务。将参加实训的学生分成若干小组或团队，根据学生掌握的理论知识程度、实际操作能力、协调组织能力等情况，按照实训需要进行科学分组，每个小组或团队指定一名组长全权负责，其他组员做好分工，各负其责。

第五，操作与巡回指导。学生按照实训指导书进行实际操作训练，这是由"应知"进入"应会"的实践过程。实训过程中，学生会遇到各种问题，对于校内实训，要求教师在实训现场及时纠正错误；对于校外实训，教师应与学生保持联系和沟通，定期给予指导。

第六，评分与小结。学生按规定时间完成实训内容后，上交实训报告或相关成果作为评分的依据。评分应采用自我评分、小组评分和教师评分相结合的方式，校外实训还应有合作单位的评分。评分指标应包括实训态度、品格意志、出勤情况、实际能力、创新能力、实训报告质量等多项内容。实训结束时进行实训总结，以便及时反馈、总结。

2. 实训体验教学拓展训练

拓展训练是一种户外体验式培训，指的是在自然环境中使用特殊的训练器材，让团队和个人在一系列设计精巧、富于挑战的活动中接受考验，锻炼克服艰难险阻的坚强意志，使学生养成良好的心理素质，培养积极的人生态度，增强学生团队合作意识，启发想象力与创造力，从而达到自我学习和自我提高的目的。

拓展训练作为现代教育的表现形式之一，旨在促进学生的心理发展和人格形成。体验式教学重视学生非智力因素的培养。因此，户外拓展是体验式教学不可或缺的重要组成部分。

（1）拓展训练的目的。

第一，有益个人发展。拓展训练可以激发个人力量，对个人成长发展、潜能发掘有积极意义。

第二，强化团队协作。团队协作应具备的素质，如承诺、理想、同情心、积极聆听、热情、诚信等，可以通过户外拓展训练发掘出来。

第三，挖掘创作潜能。拓展训练解决问题的过程使人们的思维能够摆脱传统观念的束缚，最大限度地激发参加者的创作潜能。

第四，获得积极的心理体验。拓展训练可以增强个人自信心，提高学习和工作效率。在这样的情境下，学生能感受到内心深处的自豪感和成功感，获得积极的心理体验。

（2）拓展训练的形式和步骤。户外拓展课程包括水上课程、野外课程和场地课程三个种类。水上课程包括游泳、跳水、扎筏、划艇等；野外课程涉及远足露营、登山攀岩、野外定向、伞翼滑翔、户外生存技能等；场地课程指的是在专用场地使用各种训练设施展开的团队组合训练课程，如攀岩、翻越障碍等。户外拓展训练一般按照以下步骤开展。

第一，明确训练目标。根据教学要求和学生状况，每项户外拓展训练首先必须明确训练目标。训练目标一般包括团队目标和个人目标。团队目标旨在培养团队精神、合作意识与进取精神，加强信任、有效沟通；个人目标旨在开发心理潜能、增强心理承受力、释放心理压力。训练目标具体包括：①增进团结与合作；②增强个人自信心；③增进小组成员间的相互信任；④促进沟通与交流；⑤提升人际交往技巧；⑥锻炼身体的灵活性和协调性；⑦培养与人相处共事的态度等。训练目标不再局限于体能训练和生存技能训练，而是延伸到了心理、人格、管理等方面。

第二，团队热身。培训前展开的团队热身对消除学生紧张感、增进学生友谊等非常有帮助，还能让学生以轻松快乐的心态参与培训活动。团队热身是体能上的热身，也是思想上的"热身"、组织上的"热身"。体能上的热身主要是在训练前必须做好身体的准备活动，补充能量；思想上的"热身"主要指明确训练主题与目标，树立坚定的信念和顽强的意志；组织上的"热身"是指建立团队，确定团队负责人，做好分工与配合。此外，户外拓展还必须做好安全方面的各项准备工作。

第三，个人项目。个人项目设计的原则是心理挑战最大，体能冒险最小。之所以坚持这个原则，是因为每一次训练对参与者的心理承受能力都是一项巨大的挑战。个人项目的挑战多数是体能与毅力、思维与判断的考验。例如，在训练场地设计"断桥"等科目，锻炼学生的体能，检测学生心理素质，使学生挖掘自己的潜能，发现自身存在的短板。

第四，团队项目。团队项目的目标是增强学生的合作意识，培养受训集体的团队精神。团队活动项目常常复杂而艰巨，在活动开展过程中，学生可以到体验彼此信任、彼此理解、默契配合和自我发掘的状态。共同的目标、相互信任、互相尊重、开放的沟通与承诺是团队高效合作不可或缺的元素。

第五，回顾与总结。回顾的作用是让学生消化、汇总、升华训练中的收获，进而实现活动的具体目标。学生通过总结把培训的成果应用到工作和学习中，让训练的整体目标得以实现。

通过体验、交流、整合和应用的学习流程，学生进一步了解团队合作、团队建设与管理以及自我鼓励的技术与方法，这对激发个人潜能，改善人与人、部门与部门之间的沟通和协作，提升创新精神，正确认识各个成员的职能职责，加强团队建设，树立责任感和价值观都有重要作用。

（3）实施户外拓展训练应注意的问题。户外拓展训练发展到现在，不再只是简单的体能训练、竞技项目和休闲娱乐类的活动，而是体验探索类型的训练。在整个训练过程之中，学生以个人视角为出发点，感受人和人、人和集体、人和自然之间的关系，找到自己的正确位置，感受集体的力量。与此同时，学生通过发掘自己的潜能实现学习能力的迁移，步入良性发展的轨道。

通过科学规范的实训教学，使教学适应社会与企业的要求，使实训教学有依据、可检查、可考评。更重要的是，使学生受到良好的培训，达到掌握必要的理论知识、具有极强实践能力的人才培养目标。

三、高校户外运动体育课程体验式教学

（一）高校户外运动体育课程开设的必要性

1. 符合高校体育课程改革的需求和发展趋势

近年来，高校因为招生量变大，学校的体育器材和场地不能满足学生体育锻炼的需求，存在学生、体育课程、运动场地和运动器材互不协调的情况。

户外运动把跑、跳、投、攀爬等基础的体育技能结合起来，打破了之前体育课堂封闭式的格局。高校户外运动体育课程开展形式灵活多变，贴近生活且对场地的要求不高，有效解决了高校体育运动场地不足的尴尬情况。所以说，开展高校户外体育课程同其课程改革的需求相符。

开展高校户外运动体育课程符合高校体育课程改革发展的潮流。高校户外体育课程摒除了传统高校体育课程教师单方面教导学生相关体育技能的特点，将其转变成了教师与学生双方互动的学习模式，这就充分体现了学生的自主性、自由性和主体性，从而提高了学生的积极性，激发出学生的兴趣。

2. 高校实施素质教育的重要手段

现代意义上的人才不再局限于专业素质，还要关注身体素质、审美品位、创造能力和人际交往能力等。户外运动在提高学生创造能力、增强人际交往能力方面所达到令人满意的效果。户外运动让学生身体强壮，激发其创造灵感，提高创造能力；一些特殊环境下开展的户外运动能锻炼、培养学生的心理素质；以集体形式开展的户外运动为学生提供了体验集体活动的机会，促进学生之间的交流与沟通，使学生更好地认识自我、他人以及社会，并建立良好的人际关系。

3. 实现普通高校体育课程目标的有效途径

（1）实现运动技能领域的目标。高校户外运动教学实现了传统运动场地的转变，可以与大自然亲密接触是它的一个很重要的特点。除此之外，其内容和形式都较为新颖。学生需要掌握更全面的基本技能，包括打绳节、攀爬、野外定向、钻木取火、野营扎帐、挖灶埋锅、搭绳过涧、山涧速降等，这些技能能够帮助学生实现运动目标，使高校户外运动课程顺利开展。

（2）实现身体健康领域的目标。户外运动部分项目难度很大，对于体能的要求较高。为了应对突发状况，人们在参加户外运动之前需要进行适合自己的必要的体能训练，增强对户外活动的适应能力。

（3）实现心理健康领域的目标。户外运动与传统体育有很大不同，将大

自然作为活动场地，本身具有很大不确定性，这就要求学生具备强大的心理素质和一定的自救能力。学生在户外运动中应勇于探索，顽强拼搏，培养独立自主意识。所以说，户外运动教学对于学生达到心理健康领域的目标有很强的推动作用。

（4）实现社会适应领域的目标。户外运动教学模式往往以培养团队意识和集体意识为主。户外运动一般以小组的形式进行，设置一定的目标和任务，学生分工合作，承担各自的责任。在做任务的过程中，大家互相帮助，团结合作，一起完成所设定的目标。户外运动可以让学生体会到分享的乐趣，使学生的社交能力大幅提高，以便更好地适应社会。

（二）高校户外运动体育课程教学组织与管理

1. 高校户外运动体育课程教学组织与管理的实施过程

（1）高校户外运动体育课程教学体系构建。户外运动体育课程教学体系构建的基本目的包括：①党和国家的教育思想和教育方针落实在每个教学活动中；②达到教学大纲规定的教学要求，完成教学目标；③以学生为主体，在户外运动过程中，让学生享受大自然，享受阳光、沙滩、空气；④实施高效互动的教学方案，提高学生的团队合作精神；⑤利用户外运动教学，提高学生户外生活能力。

（2）高校户外运动体育课程教学的内容与结构。在高校户外运动体育课程教学中，单个户外运动项目的教学主要包括以下几方面内容。

第一，理论教学。在户外运动前，教师需利用现有的教学条件，通过各种形式，如观看录像、展示图片、实际操作等，向学生讲解户外运动的基本理念、需具备的基础能力、出意外时的应对策略以及学生应具备的自救能力等相关知识，使学生对户外运动有一定的了解和认识。

第二，实践操作。要真正掌握户外运动这项技能，最主要的是进行实际操作。在实际操作中，学生的应变能力以及适应能力才会大幅度提高。

第三，综合训练。综合训练是户外运动的延伸，因此其场地也以大自然为主。在教师的指导下，综合训练可以提高学生的心理素质和适应能力，使其在面对危险时临危不乱，还可加强学生的环保意识，增强学生的生存技能。

（3）高校户外运动体育课程教学的准备及注意事项。

第一，高校户外运动体育课程教学的教学准备，主要包括：①将一个学期的课程安排进行系统的划分；②以学校媒体为媒介，公布户外运动教学的具体安排，向学生介绍户外运动的基本概念等，使学生对其有一定了解；③组织报名，鼓励学生以选修课的方式报名；④对报名人员重新划分。

第二，高校户外运动体育课程教学的注意事项，主要包括：①教学内容和方式应根据实际情况而定，在条件允许范围内进行教学；②安排专门的教师保护学生的安全，设立紧急情况处理部门；③教学应根据计划按部就班完成，若遇特殊情况，也可重新进行合理安排。

2. 高校户外运动体育课程教学组织与管理的发展趋势

（1）户外运动的"小团体"教学。户外运动的根本性质决定了它不同于以往的教学模式。因为学生大多采用团队合作方式，所以教师在教学时也会以小组为单位进行教学，重视学生团体意识的培养，在团队合作的基础上提高学生的生存技能，并达到课程所要求的标准。户外运动教学始终贯穿着以人为本的教学理念，无论什么活动都要以学生为中心，体现了管理模式上的人性化特点，注重发挥集体的优势，让学生享受合作的乐趣。

（2）户外运动的选项制和俱乐部制。户外运动教学主要采用选项教学方式，这是由它的根本性质和特点所决定的。就时代发展潮流来看，选项制还会存在很长一段时间，是高校户外运动体育课程教学组织管理发展的趋势。

另外，由于户外运动的特殊性，其多元化发展已成为大势所趋。由于现在的基础教学模式已经不能满足学生和教师的需要，俱乐部制便逐渐兴起。俱乐部制符合户外运动中常规训练所需要的条件，有利于组织活动和管理，所以俱乐部制也是高校户外体育课程教学的主要发展方向之一。

在户外运动中，学生经历了身体和心灵上的各项挑战。在活动的过程中，保护大自然是我们义不容辞的责任。在进行户外运动时，应注意四点：①排成队列，有秩序地按照路的方向行进，遇到有植被分布的路时，避免破坏植被，分散前进；②严禁喂食野生动物，以免影响动物健康；③少做路标或不做路标，遇到其他人留下的路标时不要破坏，以免对他人的安全产生影响；④不要乱喊乱叫，制造噪声，以免影响其他人的心情。

第四节　户外运动不同项目教学实践分析

一、定向运动

作为一种集智力、娱乐、健身、旅行为一体的智慧型体育运动，定向运动通常在森林、郊外、城市公园或较大的校园里进行。如今，高校的体育课程也涵盖了定向运动。其原本仅适用于校园的跑、跳、攀爬等内容，现在已经被扩展到了大自然、社会。这种模式突破了原本的封闭式课程，深刻贯彻了"健康第一"的指导思想，不仅符合现今的高校课程改革趋势，而且大大增加了课程的趣味性，使我国的高校体育课程体系更加完善。"定向运动不仅可以强健人的体魄，还能考验参与者的思维判断能力，具有很强的实用性。"①

（一）定向运动的特点及分类

1. 定向运动的规则

定向运动的规则是运动员们根据活动组织者规定的方式和顺序，利用指南针、地图等，对前进道路进行自愿选择，并且按要求对地图所标注的地点进行检查拜访，获胜方为通过标注点且用时最少者，或者找到检查点且得分最高者。定向运动可以以个人名义参赛，也可以两人或两人以上组队参赛。

定向运动的地点通常是野外的森林或者城市近郊、公园、规模较大的校园等。这项活动适合各种年龄段、不同性别的人参加，比赛的成败取决于个人对于地图的识别能力以及野外定向奔跑能力的强弱。但是，为了增加游戏的趣味性，可以对比赛规则做出相应改变。

这项集智力与体力于一身的体育运动，不仅能够强身健体，还可以锻炼人的独立思考和在紧急意外情况下迅速决断的能力。

2. 定向运动的特点

（1）自然方面的特点。

第一，运动性。定向运动顾名思义是一种运动，它与其他体育运动项目一样，是一种身体活动，是以人体运动方式为主要特征进行的活动。科学的人体运动形式都具有特定的规律、规范和规则。

第二，智能性。定向运动是体能和智力相结合的运动。从智力角度而言，参与者不但要具备地理学、测绘学以及军事地形学方面的知识，而且要具备使用这些知识的能力。

第三，环境性。定向运动是在山区、森林、公园等野外进行，同传统的体育馆式运动有明显的区别。

第四，情趣性。定向运动的比赛形式和活动内容等充满趣味性，能够大大提高人们参与比赛的热情和兴趣。

（2）社会方面的特点。

第一，游戏性。该运动在发展初期，仅仅是一个寻宝游戏，直至现在，这

---

① 张玉萍. 定向运动发展趋势及现代训练模式特色创设路径［J］. 当代体育科技，2022，12（26）：36.

种运动的游戏色彩依然浓烈。

第二，竞技性。进行比赛就要讲规则、争名次、决胜负，其竞争的激烈程度是可想而知的。正是由于竞技的激烈性，使人们更加追求和向往，并且活力四射地投入其中。

第三，群众性。这是一项群众性体育项目，无论男女老少，都可以参与。据统计，参加定向运动的成员，年龄最小者可以是 8 岁，最大者可以是 80 岁。因此，定向运动是一个大众参与的项目。

第四，实用性。过去，瑞典将定向运动作为军队的训练形式。现在，定向运动不仅是学校的体育课程之一，同时也是现代社会所追捧的一项休闲旅游项目。

3. 定向运动的形式

定向运动不仅能在郊外施行，还可以在面积较大的校园里进行。其中，标准化的定向路线是用一个三角形表示起点、用双圆圈表示终点以及一系列的用单圆圈画出的点标。

在实际的地形中，通常有检查点的存在，即一个橘黄色和白色相间的点标旗，它代表着运动员们必须找到的点的位置。在检查点上，都会放置一个或者多个打卡器，打卡器都有唯一编码。参赛者们应该从起点开始，手持检查卡，根据索道顺序在检查卡上分别留下打卡器的编码，直到回到终点，比赛完成。

定向比赛中，点标与点标之间的路线并不指定或固定，要求参赛者选择一条最适合自己的路线。相邻两个检查点间的距离以直线为最短，但在实际情况中，沿直线前进往往不是最佳选择。如果沿直线前进，可能遇到不可翻越的障碍，也可能在没有明显特征的密林中不断地拐弯绕道而迷失方向，还可能因不得不翻越陡峭的山地而过早地耗尽自己的体能，浪费宝贵的时间。

在比赛过程中，运动员们要集中精神，不仅要调整好自己的身体状态，还要根据地图考虑实际地形，结合实际地形、个人能力以及经验等，找出两个检查点之间可以行走的线路，同时要果断地确定自己要行进的路线，然后利用定向技巧等方式沿着自己所选的道路前进。定向运动的精髓就是果断选择路线并借助仪器按照顺序用最快的时间到达目的地。

4. 定向运动的分类

（1）定向越野。作为组织方法简单且开展范围广泛的一种定向运动方式，定向越野的成败在于参赛者自身，与其识图、用图以及野外定向和奔跑能力的强弱程度密切相关。定向越野的形式和比赛方式多种多样，按场地的不同，可以分为野外定向、公园定向、院落定向、军营定向等；按活动时间的不同，可分为白天定向、夜间定向、多日定向等；按比赛距离的不同，可以分为短距离定向、标准距离定向、长距离定向等；按运动水平分级，可以设初级组赛、高级组赛、精英组赛；按评定名次方法的不同，可以分为计时赛和计分赛等。

（2）山地车定向。山地车定向综合了定向运动和山地车运动。在这项运动中，路径的选择和记图能力是最为重要的技巧。高超的山地车技巧是在行进过程中应对陡坡的必要条件，但出于环保的目的，运动员不能走出规定的行进道路。

（3）轮椅定向。轮椅定向是专为伤残人士设计的定向运动，不仅可以使伤残人士加入定向运动的队伍中，还能给新手们提供定向运动基本训练的机会。这是一项对参赛者有极大吸引力的竞技比赛。

（4）滑雪定向。作为国际定向运动联合会确定的正式比赛项目之一，滑雪定向在东欧国家盛行，诸多世界级高山运动员、越野运动员以及滑雪选手等，都是滑雪定向的高手。本项运动能够以个人或团体等接力比赛的形式进行。

（5）夜间定向。在视线条件不好的夜间进行比赛，使夜间定向成为高难度的比赛形式。但是，这种刺激性运动也吸引了更多的观众和选手参与其中。国际定向运动联合会早已将夜间定向列为正式比赛项目。

（6）接力定向。接力定向是定向越野中的团体比赛项目，成绩的好坏取决于每一位队员的个人能力发挥。在比赛中，比赛线路会被分成若干段，国际比赛项目中通常是四段。团队的每一位选手选择线路中的任何一段，团体比赛最终成绩为每段选手的成绩之和。在接力定向的场地中，都会放置一个中心站，目的是使观众们获得更好的视觉体验。然后，每一个团队的成员在交接时都要在中心位置触手，不使用接力棒，触手后，下一段的选手继续。这种观赏性良好的比赛项目，已经被国际定向运动联合会纳入了正式的比赛项目。

（二）定向运动的基本技能

在定向运动中，能够较熟练地利用国际定向地图和指示方法等是最重要的。为了更好地使用定向地图，就要学会认识定向地图。因此，在学习运动技巧的初级阶段中，要选择恰当的场地，并且要用较多的时间训练如何使用定向地图和指北针。

1. 标定地图

为了使定向地图的方位和现场方向一致，必须使用标定地图，这也是使用定向地图最首要的前提。

（1）概略标定。在定向地图中，其方向是上北、下南、左西、右东。在准确地了解方向之后，参赛者只需要在地图上粗略地标注对应现场的北方即可。这种简单迅速的方法，是如今定向越野中最常用的。

（2）利用磁北线标定。首先，将透明式指北针圆盒内的定向箭头"↑"朝向地图上方，并且保证箭头两侧的平行线与地图上的磁北线重合或平行；其次，转动地图，致使磁针北段正对着磁北的方向，也就代表地图已经标定。

（3）利用直长地物标定。直长地物包括道路、沟渠、高压线等，需要在地图上将这一段道路的直长物找到，比对着两侧的地形并且使之与现场的地形位置粗略相符，紧接着将地图转动，直到地图上的直长物与现场的直长物方向一致，即代表地图已被标定。

（4）利用明显地形点标定地图。如果已经位于明显地形点上，并且能够从地图中找到自己所在地形点的位置，那么就可以使用明显地形点标定地图。其主要方法是选择出一个能够在图上和地图上都存在的明显地形点，然后转动手中的地图直到地图上的站立点到目标的连线与现场的站立点到目标的连线重合，代表地图已被标定。

2. 对照地形

（1）对照地形的方法。对照地形时，一般情况下，要先把地图标定，然后再依据不同的需要适当采取不同的对照方式。针对不同情况主要有以下方法。

第一，站点尚未确立之前。将地图粗略标定，然后在现场四周迅速观察，将最有特征或者最大的地物以及地貌的大致方向和位置确定，并在地图上将它们找到，这时，站立点的位置就随之确定。

第二，站立点已经确定以后。先粗略标定地图，在地图上找出自己所行走路线上的特征物，并且将它们的方向和位置大致确定，同时，将它们在现实场地上找出来，然后继续前进。

（2）对照地形的作用。对照地形是指通过对地图和现场地形进行细致的观察，使图上和现场的各种地形、地貌"对号入座"，即相互对应。这种对照的主要作用有两点：①如果站立点尚未确立，只有认真对照地形，才可以在地图上将正确的站点位置标出；②当站立点已经被确认，但需要转变前行的方向时，只有再次对照地形，才能在现场找到已经被选择好的最佳路线。

3. 确定站立点

（1）直接确定。如果自己所在的位置就是明显的地形点，那么只需要在地图中找到所在地形点，站立点便随之确定。其中，能够称为明显地形点的事物包括：①单个地形；②线状地物的拐弯处、交叉处（如"十"字形）、交汇处（如"丁"字形）以及端点；③面状地物的中心处或者有特征的边缘地，可以是山地、洼地以及鞍部等地貌形态，也可以是谷地拐弯处、交汇点以及山脊、山脊线的转弯点等。

（2）利用位置关系法确定。如果站立点的位置和明显地形点的位置较近，就可以采取位置关系法。在利用这一方法时，两个重点要素是站立点到明显点的方向和站立点到明显点的位置。也可以利用高差情况判定地形起伏明显的地点。

（3）利用交会法确定。如果站立点的附近不存在明显地形点，那么可以利用交会法确定站立点。根据不同的情况，可以分为截线法、90°法、后方交会法以及磁方位角交会法。所有这些方法的优点是不用测量距离，也能够确定出最准确的站立点位置，对一些初学者学习和巩固定向地图具有极其重要的作用。

第一，截线法。如果待测的点在现状地形中，但在与参与者相垂直的方向不存在明显的地形点时，就可以使用这种方法。其主要步骤包括：①地图确定；②在线状地形两侧的其中一侧选择一个地图和现场都存在的地形点；③使用指北针的直长边缘或者利用三棱尺、铅笔等，放置于地图上明显的定位点，然后将指北针转动直至使直长边对准该地形线；④在指北针的直长边后方画好一条方向线，确定站立点在图上的位置，也就是这条方向线和线状地形符号的交点处。

第二，90°法。如果待测点在线状地形上，如道路、沟渠、谷底线等，在与自己运动方向垂直的方向上找到一个明显的地形点，这种简单的方法就是90°法。线状地形的符号和垂直的方向线之间的交点就是站立点。

第三，后方交会法。一般情况下，这种方法适用于地点开阔且视野通透良好的场地。其具体步骤为：①在地图上找出选定的方位物，将地图标定；②依照截线法的具体步骤，在各个方位处画出方向线，地图上各个方向线的交点就是站立点的位置。

第四，磁方位角交会法。其主要步骤包括：①在地图和现实场地分别选择两个明显的地形点；②利用指北针将两地形点的磁方位角测出；③地图标定，并且将刚刚测量的磁方位角在地图上进行图解。在图解时，先要转动指北针的分度盘，直到指针能够正对着所测的方位角值，然后将指北针的直长边分别与地图上被对准的两个地形点相切，并且转动指北针。等到磁针和定向的箭头完全重合之后，分别在直长边处画出方向线。两处方向线的交点，就是站立点应该在图中的位置。

4. 按图行进

定向越野的基本方式就是利用地图行进。为了能够更加熟练地利用地图，参与者应该学会辨别方向，同时识别定向地图和标定的地图，对照地形确定站立点。因此，在具体的实践过程中，应该根据不同的地形以及个人特点，选出最适合自己的方法和途径，并且多次训练，最终达到在比赛过程中不减速的情况下，仍然能够按照正确的路线顺利到达终点。

（1）记忆法。根据行进的顺序，分别记住行走的每一段、经过的地形点以及道路两侧的参照物等。

（2）拇指辅行法。明确站立点以及自己将要行进的路线，待到达目标之后，将地图转动，此时，身体也要随之转动，直到使地图和实地的方向一致。然后使用拇指将站立点的其中一侧压住，接着行进。在行进过程中，要按照自己想要到达的地方而不断地转动自己的手指，确保位置和方向的连贯性与正确性。

（3）借线法。如果检查点在线状地形附近，便可以采用借线法。在行进过程中，先明确站立点，然后使用较容易被辨别的线状地形，当作在行进道路上的"引导"，如道路、围栏以及高压线、山背线等，这样在行进过程中就有了足够的信心。因为这种方法是沿着线状地形行走，就像扶着楼梯一般，所以又被称为扶手法。

（4）借点法。如果检查点附近存在高大且明显的地形点，便可以使用这种方法。在开始正式行进之前，可以利用其他物体作为佐证，辅助自己辨别目标，紧接着用自己最快的速度奔向检查点。

（5）导线法。这种方法的适用条件是，站立点距离检查点较远，并且行进过程中地形较复杂。在行进时，必须多次利用一些明显的地形点，保证在行进过程中方向和路线的绝对正确。要注意区分相似的地形点。

二、野外生存

野外生存是户外运动中比较基础的活动项目之一，涉及人们在自然条件下的吃、住、行以及在户外的人身安全等。

（一）野外生存的类型及价值

野外是和人们的居住地相对应的地点。和户外不同的是，野外更加强调环境自身的原始性和自然性。因此，野外更注重的是人迹罕至的自然生态环境。生存在不同的环境状态下，存在着不同的解释。人们可以将野外生存理解为在远离居住地的丛林、荒野、高原甚至是孤岛等地区，在缺乏能够维持生命生存的物质条件下，一些人以及小的团体，在短期内维持生命和健康的手段和方式。

总的来说，野外生存主要包括猎捕动物和采食野生植物充饥，就地取材，构筑简易的露营遮棚，判定方位，掌握野外危险的自救等，即吃、住、行、自救。

1. 野外生存的类型

（1）被动性野外生存。被动性野外生存主要是由于无法预测的外界因素所致，如自然灾害、迷路、交通工具的失事、战争等。这种情况不常见，但是也不能完全避免。积极主动参加野外生存训练，学习并掌握一些有关野外生存的知识和技能是很有必要的。

（2）主动性野外生存。主动性野外生存是专门模拟一些场景并提前安排一些活动，使参与者在完成预期计划后，达到磨炼自我、战胜艰难险阻的目的。主动性野外生存、环境适用本领训练以及自我潜能的开发正是人类适应环境变化、充分发挥主动性的良好手段。

2. 野外生存训练的价值

（1）学生在和自然界亲密接触后，能够学会野外生存的技能和本领。通过一系列的野外生存训练，学生可以学到烧火做饭、下河捕鱼、搭建食宿帐篷、看地图、使用 GPS 和指北针等基本的生存技能。同时，在应对紧急情况时，还可学会怎么处理有毒的植物，怎么应对受伤、迷路等。

（2）帮助学生在挑战自我中提高身体各项素质。野外生存训练不仅可以帮助学生们提高身体的各项机能，还可以培养他们沉着冷静、勇于探索、克服困境、迎难而上的意志力。

（3）学生们在相互合作解决问题的过程中，能提高社会适应能力。

（4）在训练中，学生们不仅陶冶了情操，也提高了审美情趣和环保意识。在野外生存训练中，学生们离开了大城市，远离了喧嚣，回归宁静的大自然，净化了心灵。同时，也在心里树立了爱护环境、保护大自然的绿色环保意识。

（二）野外生存的基本技能

1. 野外取水

（1）水源线索。其主要包括：①生长茂盛的植物；②大片郁郁葱葱的草地；③注意观察有许多动物会在拂晓或黄昏时分出来觅水；④动物的足迹；⑤岩石地带的泉水与渗出的流水。

（2）制水方法。可以利用太阳能蒸馏器或植物蒸发袋。

（3）水的净化方法。其主要包括：①把水煮沸；②利用水质净化药片（清水用 1 片，浑水用 2 片）；③在清水中滴入适量的 2% 的碘溶液，静置 30 分钟以上即可饮用。

（4）污染水质的识别方法。其主要包括：①带有异常气味或者水面上漂浮着泡沫、气泡的水源；②已经改变颜色或者褪色的水源；③水源地周围缺少健康的绿色植物。

2. 寻找食物

不是任何植物都能够食用，其中有大量的有毒植物，一旦食用了这些植物，轻者会引起不良反应，重者将出现生命危险。因此，对可食野生植物进行识别是野外生存的重要技能。鉴别植物是否有毒的常规方法分四个步骤：①查看，一般情况下有毒植物呈现出特殊形态和色彩或分泌有色的液体；②嗅闻，如果有令人厌恶的苦杏仁或桃树皮气味，则应稍稍挤榨一些植物汁液滴涂在前上臂，如感觉有所不适即为有毒植物；③舔尝，舌尖舔尝，咀嚼，如有不适应尽快扔掉；④吞咽，吞咽一小块植物，耐心等待 5 小时，期间不吃其他食物，如有不适，一般为有毒植物。

（1）野外能食用的植物。

第一，菩提树：树干挺拔，高可达 26 米，常分布于潮湿林区；叶片大，呈心形，边缘有锯齿；幼叶及尚未伸展的叶芽都可以生食，花可以用来泡茶。

第二，普通夜樱草：分布于较为干旱的开阔原野；体型较高，多叶，有绒毛；叶片呈梭形，叶缘有皱；有时在其红色花茎顶端长出大型黄色四瓣花；其根煮熟后可食用，煮食过程中应多次换水以冲淡刺激性气味。

第三，蛇麻草：分布于灌木丛中的攀缘性植物，茎长而扭曲，叶缘有锯齿，呈三瓣；切成片煮沸可供食用，花可以用来泡茶。

第四，马齿苋：生于田野路边及庭院废墟等向阳处；高 10~30 厘米。全株光滑无毛，肉质多汁；茎卧生，阴面为绿色，阳面为红褐色。叶片肥厚，光滑柔软，马齿状，叶柄极短。

（2）野外能食用的根。

第一，节节草：平均高 30~60 厘米，为木贼科木贼属植物；多年生，根茎细长入土深，黑褐色；茎细弱，绿色，粗糙具条棱，叶鳞片状，花穗呈白色或淡紫色，大多生长在野荒之地或者多林地区；浸泡根部除去苦涩味，烧熟后便可以食用。

第二，山药：多年缠绕型草本；叶三角形、有 7~9 条叶脉，具长柄；茎缠绕；根茎圆柱状，肥大、肉质、具黏液，可食用（熟食较佳）；叶基部聚生芽球，可播种，也可食用（熟食较佳）。

第三，桔梗：多年生草本；单花顶生，花冠钟形；茎长而且立；叶轮生；结蒴果，近卵形，蒴果成熟后，在顶端 5 瓣裂；根部肥大、粗壮，可入药也可食用；生于林下，山地林下为主，全国分布；食用前用水浸泡可去异味，水煮后易于消化，可大量食用。

（3）野外可以食用的果实。

第一，山楂树：大多分布在灌木以及野外的荒原地区，为刺小的灌木林，羽状叶子，白色、淡紫色、红色小花生长在花枝上，红色、浆果色果实可以生吃，多在秋季成熟。

第二，野桑树：树干高 6~20 米，叶子多为卵状，部分叶子有裂口；叶腋处存在柔花絮，果实为浆果色，可以直接食用；在温带多林地区广泛存在。

第三，山梨树：树干高达 15 米，树皮颜色为灰色，表皮光滑；白色花朵生长在伞状花萼上；果实往往簇生，成熟后可食用，呈现橘红色，但具有刺激性的酸味。

第四，毛栗：树木高大，多生长于山坡野地；叶子有卵状、心形，叶边缘存在锯齿；果实外壳为棕黄色，外部被毛外壳包裹，果肉营养丰富。

第五，柿树：树干最高可达 20 米；叶子较小，边缘呈波浪形，富含维生素 C，可以制茶；果实类似于西红柿，从黄色可变成红色、紫红色，可直接生吃。

第六，野生猕猴桃：落叶乔木，叶片边缘具锐锯齿，果实为浆果，长圆形，多为绿色，表面光滑；生于海拔 200~800 米的山林，我国大部分地区都有分布；野生猕猴桃果实可直接食用，味美、口感好。

（4）野外有毒的野菜。

第一，老公银：又名蛇床子、野胡萝卜。根部在幼苗时为灰色，长大后呈浅黄色，像胡萝卜；叶柄为黄色；幼苗和茎发红，无臭味；成年后的臭味很大，叶和根都有剧毒，吃后会造成死亡。

第二，狼毒草：又名断肠草，叶片呈线形，花黄色、白色或者紫红色；根浅黄色，有甜味；全棵有毒，根部的毒性最大；食用后的中毒症状：呕吐、胃灼热、腹痛不止，严重的可造成死亡。

第三，曲菜娘子：叶狭长，较厚而硬，叶边有锯齿，大部分叶子贴着地面生长，秋后抽茎，籽很小，上有白毛；幼苗容易和曲菜苗相混，区分方法是曲菜叶较宽而且柔软，锯齿不明显；食用后脸部会变肿。

第四，苍耳子：又名耳棵。生长在田间、路旁和洼地；三四月长出小苗，幼苗像黄豆芽，向阳的地方又像向日葵苗；成年后粗大，叶片呈心脏形，周围有锯齿，秋后成熟结带硬刺的种子；全棵有毒，幼芽及种子的毒性最大；食用后可造成死亡。

第五，毒芹：又名野芹菜、白头翁、毒人参。生长在潮湿地方，叶片像芹菜叶，夏天开折花，全棵有恶臭；全棵有毒，花的毒性最大；中毒后会恶心、呕吐、手脚发冷、四肢麻痹，严重的可造成死亡。

第六，毒蘑菇：毒蘑菇的种类很多，常见的包括毒伞、褐鳞小伞、白毒伞、黑包脚伞、内绿菌、褐脚伞、残托斑毒伞。其大多生长在腐烂的物品上，形状特殊，颜色鲜艳。蘑菇的颜色、外形、形态等特征与其毒素没有必然的联系。民间许多关于毒蘑菇和可食蘑菇的识别方法不一定可靠，因此，在采食蘑菇的时候，应该十分谨慎。如果存在疑惑，不能确认是否有毒，则坚决不采、不食，以免发生危险。

第七，曼陀罗：又名山茄子。直立草本，高 1~2 厘米；叶宽，卵形，长 8~12 厘米，宽 4~12 厘米，顶端渐尖，基部不对称楔形，长 5~13 厘米，宽 4~6 厘米，全缘或有波状短齿；花单生，直立；花萼筒状，稍有棱裂，长 4~6 厘米，顶端 5 裂，不紧贴花冠筒；花冠漏斗状，呈白色、紫色或淡黄色，常常有重瓣；蒴果近球形或扁球形。

（5）淡水区域能食用的鱼虾。一般情况下，河蟹和虾平时都藏在瀑布下的岩石或是溪流的石块底部，如果能够发现巢穴，就能捕捞很多。在一些较为清澈的湖水以及河水中，也生长着部分身体透明的虾。由于这些小动物身体极其敏捷，因此极难用手抓到，可借助捕鱼网以及纱布等。

3. 点火

在野外可以采用打火石、钢片或使用放大镜、冰磨制凸透镜等聚焦太阳光，或使用钻木取火的方式。燃木的材料包括火种、引火物、燃料。

（1）火种可以使用随身携带的棉花，应谨记将棉花放置在防火防潮的容器中。一些干燥的树枝、树叶等都可以作为引火物。燃料更是易得，干枯的大树干、干草、干燥的牛粪等都可使用。

（2）燃火地点应满足能够安全烹饪食物和取暖，同时注意避免引燃其他物品，防止野外森林火灾的发生。

4. 简单生活用具的制作

（1）帐篷的搭建。其主要包括：①选择地点，在考虑风向及地形后，选择一个平坦之地；②检查帐篷用具；③铺设地面垫；④竖起支柱，拉开主绳；⑤调整主绳，拉起角绳、腰绳；⑥固定墙壁。

（2）床铺的搭建。首先，先仿照管型床的做法制作床的支架，使用两个大的树干作为横档并且将其绑在支架的支撑腿上，保证两边都留有空余；然后，利用树干做成梯子形状，再将其牢固地绑在支架的横档上；最后，将树叶铺在梯子上，床铺就算完成。

（3）炉灶的搭建。

第一，蛇形洞火炉。这种形状的火炉可以有效防止风对火苗的干扰。在泥质厚实且牢固的岸边挖出深度约 45 厘米的洞坑；然后在洞坑放一个木棍，并且不断搅动木棍，使之形成一个烟囱状；最后将泥土清理干净，在洞坑中点火即可。再做一个合适的通道，使火炉一经点燃就可以烧烤任何食物。

第二，高空火炉。虽然这种火炉较难搭建，但是其功能强大，不仅能够烧熟食物，还可以依靠其散发的热量在顶部做菜。在搭建时，首先挖出主洞穴，呈环状；然后在其一侧挖出直径约 24 厘米的洞，通向主洞穴处，在主洞穴的两侧用石块建成一个类似于圆柱的筒架，并架在坑道上；最后检查哪里存在缝隙，用泥土糊住，这样就能将火苗完全隐蔽。

第三，壕沟火炉。火炉在地面以下搭建，可以避免大风的影响；搭建方法比较简单，只需要挖出长、宽、高分别是 30、40、50 厘米的壕沟，并在沟的底部把碎屑岩石铺平即可。

（4）厕所的制作。先挖一个长 1.25 米、宽 45 厘米的壕沟，然后利用岩石和木材在壕沟上搭建座位，使座位的一部分埋在土中，另一部分暴露在空气中。如果人较少，则留下一个洞口即可；如果人多，则多留几个洞口。留洞口的方法是将一些木棒放在座位上。为了避免苍蝇侵扰，可以在壕沟里撒薄薄的一层木灰。选择一块大的木板或者大的树叶作为厕所的盖子，上面压上小石块。

5. 野外生存求救信号

（1）烟火信号。作为联络信号的方式，火光可以说是极其有效的。国际通行的求救信号是燃放三堆火焰。将火堆摆成三角形状，堆与堆之间的距离尽可能保持相等，这样更容易被发现。但是，如果身边的燃料紧缺，或者自己受伤无法寻找更多的燃料，那么可以简单点燃一堆。为了使求救信号更加可靠，白天时，可以在火堆上放一些青嫩的树枝以及苔藓，使火堆能够产生浓烟；晚上时可以加干柴，使火堆烧得更旺，火势更大。

（2）地对空信号。在缺乏用来发信号的材料的环境里，可以通过染色或制作各种标志、图形发出求救信号。

在求救中，地面痕迹标志是一种很重要的信号，一般可以在草地、海滩、雪原等较开阔的地面做标志。可以用脚踩出或挖出图形信号、字母信号，为了使图形和字母更加清晰，可以用土和石头以及树枝等将字母、图形的边缘围起来。在雪地上，可以用雪将字母或图形堆起来，以引人注目。务必把图形或字母做得大一些，以便能从飞机上看到，推荐的尺寸是每个信号长 10 米、宽 3 米，每个信号间隔 3 米。另外，一片被踩平的草地或一片被烧焦的山野，也是很容易引起注意的。

（3）旗语信号。其制作方法是：在木棒上系上旗子或者是颜色较鲜亮的布，摇旗时，在左侧长划、右侧短划，并且加大手的动作幅度，做出"八"

字形运动。

（4）反光信号。阳光和反射镜等都可以反射出信号光，罐头盒的盖子、玻璃、金属轴片等也都可以利用，但最理想的是镜子。

6. 野外生存中常见的伤病防治

（1）防治昆虫叮咬。在野外，为防止蚊虫叮咬，最好穿长袖和裤子，然后将袖口、领口以及皮肤暴露的地方涂满防蚊虫叮咬的药，一定不要在潮湿的地面上坐卧。在晚上露营时，可以在火堆中放置一些艾草、青蒿、野菊花、柏树叶等驱赶蚊虫。被叮咬后也不要着急，氨水、肥皂水、小苏打水、盐水以及氧化锌等碱性药物都可以止痒消毒。

（2）昏厥。在野外，昏厥的原因大多是摔伤、饥饿过度、疲劳过度等。其表现是脸色苍白、脉搏缓慢、失去知觉，但过一会儿会自动醒来，所以不必惊慌，在醒来后，注意休息，多喝点热水即可痊愈。

（3）中暑。中暑的症状是头晕、恶心、昏迷、湿冷、瞳孔放大，同时也可能会发高烧。这时，便应该前往阴凉的通风处，将衣带解开，然后服用十滴水等药物。同时，可以用凉水冷敷额头，也可以掐人中、合谷穴使之清醒。

（4）中毒。中毒会伴随恶心、呕吐、腹泻以及胃疼，甚至心脏衰竭等。如果遇到这样的情况，最应该做的是洗胃，喝大量的水，然后用手指触碰咽部催吐，紧接着吃蓖麻油清洗肠胃，同时多喝水，然后立即送往医院救治。

（5）冻伤。皮肤一旦发红、发白、发凉同时发硬，就代表可能已经冻伤，这时应该用手或者干燥的绒布等不断摩擦冻伤处。如果冻伤较轻，可以使用辣椒泡酒擦涂。但是，如果已经出现身体僵硬的情况，必须首先摩擦肢体，然后做人工呼吸，等到伤者稍微恢复意识，再将其抬入温暖的地方实施抢救。

（6）蜇伤。被蝎子、蜈蚣、马蜂等毒虫蜇伤后，会出现伤口红肿、疼痒、恶心、头晕的情况。这时，先将毒液挤出，然后用肥皂水、烟油、醋、氨水等擦涂。

（7）骨折或脱臼。一旦骨折或脱臼，则应该用夹板固定，然后冰敷消肿。如果从大岩石或者大树上掉下来伤到脊椎，那么应将其抬到平坦并且稳固的担架上，不能让患者的身子晃动，并送往医院急救。

（8）雷雨。在雷雨天，一定不能在巨石、悬崖以及山洞口躲避，因为这些地方会产生电弧，电流会直下，容易将躲避者击伤。不要躲在荒野中完全孤立的小屋，避免高地、远离大树和金属物体是关键。如果这时还在游艇上，则应立即上岸；如果在大型游船上，则应躲在甲板之下。

7. 野外行走的技能

作为野外生存必备的技能，野外行走的基本原则是安全，也就是防止迷失方向以及危险事故的发生，同时应节省体力，逐渐提高行进速度。在爬山时，行走的原则是走纵不走横、走梁不走沟，不要轻易穿林翻山。如果没有山路可走，那么尽量在山脊、山梁等地形简单、视野开阔、林木稀疏的地方行走，不到万不得已，不能在深沟、密林、山谷中行走，务必要避开或绕行沼泽地。渡河是野外活动常遇到的障碍，横渡河流时，不要草率入水，虽然河流清澈见底，但是水深湍急，因此应该细心观察后及时确定渡河方法，尽可能选择河水较浅、没有暗礁和漩涡的地点。需要涉水渡河时，为避免河底的石头划破脚底，应尽量穿鞋，穿鞋也能更好地维持平衡。但是，如果河底是淤泥地，则应该脱掉鞋袜，光脚过河。

三、登山运动

（一）登山运动的基本分类

1. 高山探险登山运动

登山者在各种登山设备的帮助下，经历诸多困境的考验，最终登上较高的山峰。以攀登有雪线的山峰为目的的登山活动，就是高山探险登山。这类登山活动的参与者是一些经过严格训练的运动员，其对登山者的要求极高，需要满足三点：①必须有极高的身体素质和应对各种恶劣环境考验的意志力和适应力；②登山者们应该具有一定的知识储备能力，能够正确运用各种登山装备，同时，可以利用登山技术排除突发的险情；③登山者们需要具有利用专业知识进行科学考察的本领。

2. 竞技登山运动

竞技登山运动又称为技术登山运动，是一种利用专门的攀登技术和设备，攀岩悬崖和冰壁的登山运动。目前，在攀登技术上有两种不同的风格类型：力量型和技术型。

3. 普通登山活动

普通登山运动是难度系数较低、装备要求较简单的，集旅游和群众性体育运动为一体的登山活动或攀岩比赛。其一般分成两种类型：旅游登山和定向登山。

（1）旅游和登山相结合的运动在20世纪70年代随着登山运动的兴起而蓬勃发展，历史悠久且吸引性较大。随着全民健身潮的兴起，近年来，旅游登山越来越受群众的青睐。

（2）定向登山则是较为普通的活动。其和旅游登山的不同之处是带有更加浓厚的比赛性质，目前在日本、欧洲开展得较为普遍。由于这是一种比赛性质的运动，因此组织起来会更加严密，更具有程序性。

（二）登山运动的基本技能

1. 行军

（1）行军原则。

第一，必须了解山区的地理和气候状况。这样可节省体力，提高行进的速度，也可防止迷失方向。

第二，坚持走纵不走横、走梁不走沟的原则。如果不得不越野，应尽量选择在高处行进，一定要避免行走在洼地。其主要原因是高处地势高，有助于进行展望，视野良好；同时，高处具有通风、干燥的地点，蚊虫以及杂草较少，更利于行进。

第三，在行走时，注意行进的速度和节奏。行走过程中，行走的频率要以呼吸为节拍，不能使步调太快，否则容易产生疲惫感。如果出现呼吸急促，无法喘气，那就应该适时休息，将脚步放慢，调整呼吸。谨记无论下山还是上山，行进的速度要因人而异，太快或太慢都会造成疲劳。

第四，大步走可以节省很多体力。在前进过程中，最好身体前倾，腰要弯，脚掌着地，切勿用脚尖行走，身体的重心要随着脚落地而左右摇晃。同时还要注意，不要因为踩到滚石而造成危险。

第五，体力分配原则。在行军过程中，体力分配通常是登山时用 1/3，下山用 1/3，留下 1/3 余力。只有这样才能保持精力旺盛，持续行走时减少意外事故的发生。

第六，行军组队原则。在行军时通常要采用一定的组队方式：走在最前面的是富有经验的领队，应准确掌握队伍的步调和路线，率领队伍按照计划前进。第 2、3 位置是组队行军时的最佳位置，应让给缺乏经验的、体力较弱或负荷较重的队员。如果队伍人数较多，可编成 5~6 人一组的小队。小队的组编，应以不影响到达目的后的帐篷搭设、营地建设和炊事工作为原则。

（2）行军技术。步行法的好坏是很重要的。熟练的登山者有其独特的步行技术：保持身体平衡，步伐节奏适中，随时调节呼吸。

第一，上山步行法。上山步行法与平地步行法基本上没有太大的区别，但上山比走平地耗费体力。因此，需考虑各种条件，如登山者们自身的体能素质、天气状况、团队器械状况等。刚开始登高时，必须谨记的是步伐不要太快。不习惯走山路的人，正确的行进姿势是将脚适度地抬起，以更好地节省体力。同时，保持手臂摆动平衡，调整呼吸，不紧不慢地向上行进。

第二，下山步行法。下山时使用的能量较少，但是，下山发生意外的情形比上山时要多。行走时应认真看清前面道路的状况，判断好脚部踩踏的位置，切勿一味地向下冲，这样不仅容易滑倒，脚跟和膝关节也容易疼痛。下山时越是陡坡越要慢行。

第三，山脉棱线步行法。一般所说的登山大多是走的山脉棱线，这是登山活动中最常见的。但山的棱线有各种不同的形态。有不长一草一木的岩石构成的棱线，也有被茂密的原始森林掩盖的棱线。如果走棱线迷路，且在晚上，一定要谨慎小心。雾气较大的情况下，更要沉着，认真观察四周有无危险，防止因为走错路而消耗过多的体能。

（3）穿林技术。登山者穿越山林时，应特别注意方向和联系。在穿越山林时，最好请当地经验丰富的人指导，同时带上指南针。还应携带简易的无线电通信设备，加强通信联络工作。

2. 休息

休息是为了恢复体力，同时可进行行装调整、喝水及进餐。在休息时，应注意以下几个方面。

（1）休息时间的掌握。在行进了 20~30 分钟后可以进行第一次休息，调整、增减衣物等，之后每当行进时间达到 50~60 分钟便可以进行一次休息，休息时间为 5~10 分钟。休息时要充分放松。

（2）短暂的休息。为了调整呼吸，缓解疲惫同时恢复体力，登山的过程中需要进行短暂的休息。只需手挂登山杖、弯曲上身，将上体重量移到登山杖上，便可使肩部和腰部得到暂时的放松。但一定注意将登山杖挂稳，不能打滑，否则便不安全。

（3）较长时间休息活动的安排。为了恢复体力以及补充能量，行进途中常会进行较长时间的休息。可以利用这段时间运动，身体舒展之后再继续其他项目和吃饭。吃饭时最好分多次完成，以保障消化功能不会受到影响，同时要注意补充糖分。最好选择安全并且风景好的地点进行休息，垃圾要随时集中起来进行处理，防止污染环境。

四、攀岩运动

攀岩运动是攀登者利用技术装备，伴随着同伴的保护，依靠自己顽强的意志、体力以及思维能力，在高度和角度不同的岩壁上、在有限的时间内自主选择出最佳的、最合理的线路，并且正确地完成转体、腾挪、蹿跳、引体等十分惊险的技术动作，直至完成整条路的攀登。攀岩是一项集智力、体力于一体的心智型体育运动。

攀岩运动既重体力又重智力，想取得良好的成绩需要脑力与体力协调配合。根据自己的能力选择线路攀登是极为独特而又令人兴奋的经历，每一次感受都不相同。

（一）攀岩运动的注意事项

攀岩运动的注意事项主要包括：①手脚协调统一，平稳的移动；②平衡性、灵活性、柔韧性比使蛮劲更有用；③保持身体重心平衡；④耐力比肌肉能力更重要；⑤保持能量，将支力作用在脚上而不是靠手臂的支撑实现攀登；⑥最好的效果是合理运用耐力，减少不必要的能量消耗；⑦放松是很重要的。

（二）攀岩运动的基本分类

1. 按使用器械方式分类
（1）竞技攀岩：在非常安全的路线上进行攀登，可借助于器械。
（2）自由攀岩：器械仅用于保护，利用自己的手脚进行攀登。
（3）器械攀岩：借助于各种攀岩器械进行攀登。
（4）徒手攀岩：不借助任何攀岩器械进行攀登。

2. 按保护的方式分类
（1）先锋攀岩：从岩壁底端开始，一边攀登一边把保护绳挂入保护点。
（2）顶绳攀岩：保护绳从上端已经挂好，只有上方一个保护点的攀岩方式。

3. 按运动场分类
（1）人工场地攀岩：在人工攀岩墙进行的攀登。
（2）自然场地攀岩：在野外大自然的岩石上进行的攀登。

4. 按攀岩比赛的组织形式分类
（1）个人单攀岩：分为男子单人和女子单人攀登。
（2）双人攀岩：两两结组进行攀登，裁判员指定路线。与单人攀登赛不同的是其比赛需两人一组。双人攀岩不仅进行攀登技术和速度的比赛，还要评判组内成员互相保护的技术。
（3）自选路线攀岩：是一种登上岩壁顶部和下降的路线由运动员自己来选择的攀岩。这种攀岩不仅比拼攀登技术和攀登速度，路线选择的好坏也在评判范围内。
（4）集体攀岩：同正规登山活动一样，参加者事先编好 4~6 人的小队，准备好包括睡袋、帐篷、炊具、绳索、保护器材、冰镐等在内的全套登山装备，途经事先指定的路线，在事先指定的地点搭建和拆除帐篷，行进途中彼此保护。

（三）攀岩运动的基本技能

1. 基本的保护技术

（1）结绳的打法。绳结有不同的用途与打法，攀岩时常用的绳结包括：①单"8"字结，多用于绳头收尾；②中段"8"字结，用于结组进行或设置保护点；③双半结，是单半结多绕一圈；④双渔翁结。

（2）学会正确使用 GRIGRI①。反复检查，确定主绳以正确的方式从GRIGRI 中穿过。切记，通向攀登者的绳端必须从攀登者标记的那一边穿出去。假设绳子被穿反了，GRIGRI 里面的齿轮则不能发挥作用。正确的做法是使用制动手托起 GRIGRI，小指放在齿轮上轻压。一定不要用力气强的手指，否则不小心用力过猛，就不能使齿轮在攀登者脱落时锁定。

（3）细扁带的收紧方法。

第一，缠绕收紧法。先将扁带系个死结，同时将扁带与铁锁连在一起，之后再与另外一个铁锁相缠绕。利用滑轮组原理在拉扁带尾端时收紧，这样扁带会相互压住，不会松开。这一方法适用于低空的扁带收紧。

第二，小紧绳器。操作简单、方便、快捷，这一方法适用于低空的扁带收紧。

第三，器械收紧。这一方法适用于较长距离的扁带收紧。

第四，工业紧绳器。如钢丝紧绳器更适合用于较长距离的扁带收紧，因为它的拉力较大。但如果在高空中使用，一定要有充分的准备以及保护措施。

2. 攀岩技术

（1）人工岩壁上的攀岩技术。

第一，人工岩壁的攀岩手法。参与者在攀登过程中要让身体向上运动以及贴近岩壁。常见的岩壁上的支点有几十种，形状各异，攀登者要熟悉所有的形状，面对不同形状知道该抓何处、如何使用力气。

抓握的方法有多种，都是根据支点上突出或凹陷的位置与方向判断使用哪种，其中包括抠、捏、握、拉、攥、推等，要具体情况具体分析，灵活选择应用。例如，遇见圆疙瘩上有个小平台这类的支点，通常是选择手搭上去垂直下拉，也可以全部捏住、手拉，这样身体即可贴近岩壁了。抓握支点的过程中，如果是水平用力，要通过向下的拉力增加摩擦力，那么手臂的位置一定要低，最好让拇指搭在支点上充分发力。遇到常见的浅槽支点时，为了增加力量，可以选择把指腹那一面扣进手槽之中，又或是横搭在食指和中指的指背上。

---

① GRIGRI 是一种带有辅助制动机制的保护装置，可用于攀岩。

当攀登路线很长时，在较容易的地点，两只手可以轮换休息。一定要寻找没有仰角或者仰角角度小且有比较大的支点的地点，休息时双脚要在支点上踩稳，拉直手臂，手臂弯曲则得不到很好的休息。腰部向前顶让下身与岩壁贴近，上身往后仰，整个身体重心放在脚部，这样手臂的负担会减轻。攀登前要活动手指，并擦些镁粉，以免打滑。

第二，人工岩壁的攀岩脚法。攀登过程中要充分利用腿脚的力量，腿部的耐力很强，爆发力和负重也十分大。攀岩所穿的鞋通常情况下都是特制的，哪怕是宽度不到 1 厘米的支点，踩在上面也可以稳稳地支撑身体的全部力量。

一只脚只有四处可以接触的支点：鞋正前尖、鞋尖内侧边、鞋尖外侧边和鞋后跟尖。不能踩太多，宽度要在一指左右。当整个脚掌放上去时，在具有脚承力的同时能够左右活动旋转，进行换脚转体等。

换脚是攀登中经常用到的基本动作。初学者十分容易出错，他们通常是前脚使劲一蹬、跃起，后脚准确地落在前脚原来的支点上，这样看上去动作利落干脆，但让手指吃劲很大，也会导致身体失去平衡。最重要的是，一旦支点较高，则无法这样去做。正确的做法是不增加手上的压力、保持平稳。以右脚换到左脚为例，首先把左脚提到右脚的上方，右脚以脚在支点上最右侧为轴逆时针转动，支点左侧的位置空出来，重心还压在右脚上，左脚从上方切入，踩点，右脚趁势抽出后重心过渡到左脚。这一系列动作连贯起来，右脚从支点滑出，左脚同时滑入，体重一直由双脚负担，手只用来调节平衡。攀登过程中双脚不仅要支撑体重，也要保持身体平衡。脚不一定时刻踩在支点上，调节身体重心的位置时，可以选择把一条腿悬空，使身体重心稳定地传到另一只脚上。

（2）攀登岩壁的基本技巧。在不同的岩石上做到身体的腾挪、跳跃、转体、引体等惊险动作，会让人感觉优美、流畅、刺激、有力量。攀登岩壁的基本技巧有如下几个方面。

第一，身体姿势。攀登岩石峭壁时身体要放松，身体和岩壁根据岩壁陡缓程度保持一定距离，同时用力上拉、下蹬，身体的重心必须放在脚上，保持面向岩壁、三点固定支撑、直立于岩壁上的攀登姿势。

第二，脚的动作。其主要包括：①正踩、侧踩，踩的面积大不一定好，尽可能寻找可发力部位；②摩擦点，这个动作尤其是当身体悬空时特别有用；③脚后跟钩住，脚后跟钩的动作需要攀岩者具有良好的灵活性、柔韧性和胆量，且动作多种多样；④交换脚。

第三，手的用法。手握点的方法有紧握、开握、扣握、捏握、曲握、侧拉等，下面简单讲解各种手法的动作要领。

紧握。用整个手掌抓握可以增加抓点的稳定性。一旦找到了最佳的抓握位置，手指就不要再动。

开握。当支点的边缘或者一些点的小洞能够支撑住手指的第二关节时，手可以平坦地靠在岩面上。这样的话，手能够张开也可以并拢，手指与支点能够充分接触，整个手掌不需要紧握住支点。在这个动作中，大拇指的作用一般较小。

扣握。当手遇到相对较小的支点时，四指并拢后能套住支点，用大拇指压住食指，这样支点就被完全套在手中。此时，大拇指的力量是关键，因为大拇指既要锁住手指，又要靠住岩板，它要比其他手指承受更大的力臂。

捏握。通常手指的方向与大拇指捏的方向相对。一些可捏握的点能够让大拇指压在支点的一边，其压的方向与四个手指拉的方向成直角。如果支点很小时，就需要用拇指与食指的第二关节外侧面捏握。

曲握。手掌弯曲，四个手指靠在一起，大拇指压在食指上，支点由手掌的外缘握住。因为拇指的力量很强，可以很好地控制手的形状，所以这种手形握法非常有力量，使其余手指得到放松。

侧拉。当一个支点的方向为竖直方向或接近竖直方向，但是它又很难用手从支点上面往下垂拉，这时用侧拉。

第四，手脚配合。在攀岩过程中，上下肢力量要协调运用。对于初学者或技术还未熟练掌握的练习者，上肢力量显得尤为重要，攀登时往往是上肢引体，下肢蹬压抬腿而移动身体。因此，必须使上肢得到充分锻炼。上肢应根据手指、手腕和小臂的力量，配合脚趾、脚踝和腿的力量，使身体重心协调地朝着用力的方向移动。

五、漂流运动

(一) 漂流运动的分类

按照漂流目的可分为探索、发现类漂流和观光、旅游、娱乐类漂流两大类。探索、发现类漂流包含人文、地理、气候等综合科学考察，以及漂流沿途的资源、风光、特殊地貌等的发现。观光、旅游、娱乐类漂流是以经营为目的的商业性漂流。

商业性漂流有惊险刺激的，也有仅是娱乐性质的，目前共有五种等级。

第一，水流平缓的地点。

第二，水域整体的水流平缓，带有高1米的轻微波浪。

第三，波浪出现频率高，多是1.5~2米高，较有经验的人依旧很容易把握方向。

第四，浪高3米，有经验的人通过也有困难，此时需要躲避障碍物。

第五，浪的高度超过 3 米，只适合经验丰富的人，难逾越的障碍物会对漂流者的生命产生威胁。

（二）漂流运动对大学生的价值

1. 唤起大学生的环保意识

在漂流过程中，置身于碧波荡漾的水中，不仅会让参与者体验到大自然的力量，也会让参与者反思，在生活中更应该保护大自然、爱护人类的生活环境。

2. 培养良好的心理素质

激流勇进、险象环生，在这样的情景下，最能考验一个人的心理素质。通过漂流运动能够增强大学生的心理素质。当前部分大学生心理素质较差，不能够承受生活、学习和工作的压力，出现种种心理疾病，漂流运动无疑是"一剂良药"。

3. 培养充足的自信心

每当驾舟驶过一处险峻的漂流点，每当冲过一处浪花巨大的水域，都会提升参与者的信心。具有坚强的毅力和耐心，才能到达胜利的彼岸。通过漂流运动，让大学生感受到成功的喜悦，使学生在学习生活中充满信心，相信自己能行。

（三）漂流运动的注意事项

第一，通常每年的 4 月至 10 月是漂流的最佳时间。

第二，只有白天才能漂流，黑夜决不要冒险。夜间应在远离河边的高地上露营。

第三，出发时记得带好干净、以备更换的衣服，携带一双塑料拖鞋，船上可能会穿。

第四，漂流时现金和贵重物品不要带上船。

第五，如果是自助游，可自行购买短期出游意外保险。

第六，上船首先仔细阅读漂流须知，听从工作人员的安排，一定要穿好救生衣，找到安全绳。

第七，气温不高时参与漂流，可以在出发地购买雨衣。

第八，漂流通过险滩时，要按工作人员的指挥做，紧抓安全绳，收紧双脚，身体向船体中央倾斜，一定不要乱动。

第九，如果翻船，不要慌，要冷静，穿好救生衣。

第十，不允许随便下水游泳，即使游泳也应根据船工的建议，在平静的水面游，不能独立行动。

第十一，如果船发生意外，应举起船桨，向附近水域的船只求救。

（四）漂流运动的基本技能

1. 捆绑技术

（1）方形捆绑。这是捆绑固定横梁的方式。方形捆绑在两者成直角时非常有效。

第一，制作一个圆材结，之后将绳索在两根横木上下轮流绕横木一周，绳索上下沿逆时针方向围绕横木。

第二，缠绕三四周后，转变方向到另一根横木上，沿着相反的方向缠绕。

第三，在一根横木上打个半结，缠绕后在另一根横木上使用丁香结把绳索固定。

（2）圆形捆绑。增加横木的长度或将两根横木叠放在一起时使用圆形捆绑法。先用绳索在两根横木上打丁香结，然后沿横木将结系紧，再使用丁香结捆绑好另外一端，为了使其绷紧需要在绳子下加一枚楔子。

（3）对角线捆绑。对角线捆绑法在两根横木不是直角相交时最有效，它能够代替方形捆绑法。当横木在重压下彼此重叠时，此方式效果更明显。

第一，绕着两根横木打一个倾斜状的圆材结。

第二，继续缠绕绳索，将圆材结遮住，绕紧，将绳索在靠下面的横木后面变换方向。

第三，按另一个倾斜方向缠绕缚紧后再将绳索转个方向，按正方形缠绕三四圈。

第四，用丁香结在一根横木上完成捆绑。

（4）剪式捆绑。剪式捆绑法用来捆绑两根平行的木材的末端，可制作一个"A"形框架。先在其中一根圆木上打一个丁香结，用绳索缠绕两根圆木，不要过紧，然后，转换绳索的方向，在两根圆木之间缠绕绳索两圈，捆绑绕紧，最后，在另一根圆木上打丁香结，将圆木拉成剪刀形，这样的捆绑也会变紧。

2. 特殊情况的处理

（1）游过急流。

第一，平静面对。面对急流保持平静，用脚避开前面的岩石，向后轻轻斜靠，用桨为自己把握方向。

第二，屏住呼吸。在大波浪中，先做深呼吸，之后屏住呼吸面对泡沫状的浪尖，直到急流进入岸边漩涡或退回。

第三，远离船只。挤在船和岩石之间是最可怕的。因此要远离船只，在顺流的一侧尤其要注意。

第四，防止体温过低。游泳者在冰冷的水中，不到 10 分钟力气就会被耗尽。对于经历了长距离游泳的人来说，应采取针对体温过低和受到冲击的救护。

（2）与岩石碰撞。当发现避不开岩石时，可以选择在碰撞前调转船头或是船头撞上岩石。

（3）沉陷。如果因为碰撞岩石而沉陷，可以用绳子向岸上求助，也可采取以下措施来应对。

第一，用一根粗绳绕成"D"形环，穿过水道（有必要时可在前面打个孔）或船后面的船架。

第二，可以借助拉力系统（由蝴蝶状的环或卡宾轮组成）提升。

第三，用力拉起船离开水域，借助船头或船尾的绳让船逐渐靠岸。

（4）漩涡。卷曲的波浪会撞回到船上而使船停下来，水也会立即往船舱内灌，船会猛烈地旋转甚至倾斜，除非船借助于大的惯性冲过漩涡才能避免。其应对措施是用桨或橹划动顺流的水，尽管漩涡表层的水通常是逆流，但在其下层及漩涡的旁侧都有顺流。

（5）倾覆。倾覆是由大的漩涡、波浪、单侧的波涛及障碍造成的。其救护对象按先后顺序依次是自己、船上的其他乘员、装备。可采取以下措施进行应对。

第一，尝试跳开，避免与障碍相撞。

第二，尽量浮在水面上，不要陷入船与石头之间的逆流中。

第三，上岸时避开这一段急流水域。

第四，最好与同伴一起行动，发现有人失踪时要检查船下，判断其是否被绳索或衣物缠住，首先需要确定的是成员的安全而不是担心装备。

第五，在倾覆的船内情况非常复杂，通常有其他船只的帮助才能游向岸边，操作地点应在远离急流的平静水面上。救援船只逆水接近，捞起倾覆船只的一条缆绳，之后把它牵往岸边，其余船只则沿途搭救落水者并快速清点人数。

（6）靠岸。

第一，无法避开急流与瀑布时，如果是在无人的急流区，系上救生绳可以帮助船驶过。

第二，在岸上也要密切关注与控制船，切记不可将绳索套在自己身上，在绳上打个结或将绳绕在树上都可实现对船的控制。

第三，靠岸时，记得携带所有物品。

六、山地自行车运动

(一) 山地车骑行的注意事项

1. 不要单独进行自行车越野运动

与别人结伴比较安全，这样不仅有人做伴，初学者还能得到经验丰富的同伴的帮助，并学到很多东西。也可以同当地的山地自行车俱乐部建立联系，或者同有能力组织骑车旅行的俱乐部和机构联系。

2. 同联系人交流

有组织的山地自行车车手会根据组织者的安排，帮助新手选择适合其需要和骑车水平的运动路线。新手如果要进行越野运动，骑行的距离最好不要超过15 千米。

(二) 山地车骑行的准备工作

1. 调试自行车

骑行者想要很好地控制自行车，选择大小合适的车架和高度适中的鞍座是非常重要的，自行车的大小必须适合车手的身高和骑车水平的高低。同时，闸把、变速杆、车把、车把握手处和把套的构造应该以方便操作、使骑行者感到舒服为宜。

2. 装卸自行车

装卸自行车时，要把同车轮连接的各种叉管捆好，并把各种操作杆扭到同一边。在出发前的热身活动中，要充分伸展身体，为下一步的剧烈运动做好准备。出发前两个小时左右要吃点东西，喝点水。由于身体在骑车过程中会消耗能量和水分，因此及时补充食物和水分是非常重要的。尽量不要吃过于油腻、酱汁过多的东西，也不要喝酒。同时，要保证自行车状况良好，并准备好备用内胎和气筒。

(三) 山地自行车骑行技巧

1. 身心放松

身心放松才能尽情享受骑车的乐趣。刚开始时，不要骑得太快，时间也不要太长。先进行 10 分钟热身，确定自己的骑车速度。欣赏途中景色的同时，还要留心周围的地貌特征，以防迷路。注意观察其他车手，并多同他们交流，听取他们的意见。

2. 提前热身

热身运动有利于相关肌肉和肌腱做好运动前的准备。如果没有做充分的热身运动，肌肉没有适当的伸展，就很容易受伤，效果也会大打折扣。先伸展身体，缓慢地骑行一段时间后，渐渐加速，随后运动的强度加大。只有这样，身体才能从无氧运动渐渐地达到有氧运动的状态。

3. 手的姿势

车把不要抓太紧，轻轻握住，肘部稍微弯曲，肩部放松，后背伸直，身体放松。否则很容易失去控制，而且因为上半身紧张，手臂也很容易疲劳。如果四肢僵硬地骑车，车手可能会左右摇摆，也可能会上下颠簸。

4. 踏蹬技巧

车手要能够连续地踩动脚蹬做环形运动，不允许上下猛踩脚蹬，这样才能连续、平稳地传送能量。

5. 重量分布

在骑姿正确的前提下，站在比较平坦的地面，身体60%的重量要落在后轮上，40%落在前轮上。下坡时身体重心一直要靠后。坡度允许的情况下，车手胸部的重心应落在鞍座上。上坡时，使双腿充分发挥杠杆作用，重心移到鞍座后部。与此同时，上半身趴在车把上并尽量放低。

（四）山地车骑行的常见地形

1. 坚硬地面

在比较硬的地面上骑车阻力小，车轮滚动的速度快，骑起来最省力，也最舒服。但是，当地面比较潮湿，有树叶或沙砾盖住时，要注意降低和稳住重心，小心地面湿滑。

2. 多岩石地面

多岩石的区域，不容易把握平衡，很难控制自行车，车手会随着自行车左右摇晃，这时可以选择俯卧的姿势，站在脚蹬上降低身体的重心，来控制住自行车。车手必须运用各种技巧尽量放松，还要学会挑好走的路。

3. 沙地

遇到这种地形，自行车前轮很容易陷在沙里，应付这种地形的技巧与铺满碎石和沙砾的地形一样。当穿过大面积的沙地时，车手可以下车，扛着自行车往前走。如果沙地面积不大，可以选择借助较高的车速穿过去骑行。

4. 植物丛生的地形

如果所经过的地方植被比较浓密，骑自行车会比较费劲，这时用力不要太大，不然心跳会加快，力气耗尽。这种地形会减小轮胎同地面之间的摩擦力，应对技巧与对待泥泞地形时相同。

5. 下坡

下坡时要先了解路面地形情况，然后选择骑行的速度。骑得越快，路面显得越平坦。下坡时，需要改变刹车的习惯。身体重心向后移动，这样后轮摩擦力会更大。不要频繁地使用前闸，尤其在转弯时，不要把车轮完全锁住，否则自行车碰到石头就会打滑。

6. 爬坡

爬坡时，劳动强度很高。这时，车手一定要保持相当的牵引力，最好的做法是保持正确的骑车姿势，身体重心往后轮上移，但注意前轮上也要保持足够的重量，否则容易前翻。

第五章 户外运动人才一般培养模式分析

第一节 高等院校教育培养模式分析

一、高等院校教育培养形式的特点分析

高等院校的培养模式同其他专业的人才培养模式大致相同。这种培养模式与培养人群都较为单一，因此高等院校除了努力培养好本校的户外运动人才外，还可根据院校的自身条件与能力，利用业余时间开办各种社会性质的户外运动培训班，也可与该地区的体育总局或俱乐部联合开办，为当地的户外运动从业人员或户外运动爱好者提供高层次的培训、深造学习的机会。此类培养模式可针对专业户外运动人才，以及高层次的户外管理人才的培养。

以高校为依托培养户外运动人才，对户外运动人才向正规化、系统化、专业化的方向发展有着巨大的推动作用，也为一些资质较高的户外运动人员提供了更高层次的学习机会。其缺点就是培养的户外运动人才在经验方面有所欠缺，即现有的师资状况不能满足不同层次、不同需求的授课。同时，培养户外运动人才需要投入并花费大量的人力、物力，财力，并且培养时间较长，不能及时弥补社会对户外运动人才的需求。

综上所述，不管采用或设想什么样的培养户外运动人才模式，都应有针对性、多样性、可取性，且尽可能取长补短，才能培养出我国户外运动所需求的人才。

（一）充分发挥培养户外运动人才的作用

近年来，随着我国高校的不断扩招，大学生就业形势严峻，这对我国综合

类及师范类体育学院（系）的招生、毕业生就业与学院（系）的发展等方面都会带来一定的影响，因此我国综合类及师范类体育学院（系）应结合社会对体育人才的需求，新增一些新型专业（或方向），来拓宽学生的就业渠道。我们可以充分利用综合类及师范类体育学院（系）的优势条件，充分发挥综合类及师范类体育学院（系）在户外运动人才培养中的作用，提出综合类及师范类体育学院（系）培养户外运动人才的基本构想。尽管一些综合类及师范类体育学院（系）目前已经开设了户外运动方向，但是在如何更好地培养户外运动人才这一问题上，还需要长时间的探索与创新。我国综合类及师范类体育学院（系）在培养户外运动人才方面一定要发挥自身的优势，构建人才教育培养模式，更新教学理念，注重学生人文素质的提高，加强教学和实践的融合，办出自己的教育特色，以适应社会的需求。

（二）综合类院校培养户外运动人才的优势

我国许多综合类及师范类体育学院（系）建校历史悠久，长期的积淀形成了浓厚的文化氛围，身心都能受到良好的熏陶。学生在校学习时不仅仅可以学习到体育专业方面的知识，更能根据各自特点选择有益于自身的各方面知识，这对提高学生综合素质、培养一专多能型人才是非常有益的。

二、综合类院校培养户外运动人才的构想

（一）户外运动人才培养的目标

1. 人才培养目标的内容

培养具有良好的综合素质和职业道德，扎实的体育知识、户外运动理论和户外运动技术专业基础知识，掌握体育组织管理、体育经济等知识，具有良好的社会体育户外运动教学、研发与实践能力、项目规范管理能力、组织协调与交流能力，较强的参与国际竞争能力和创新能力的户外运动项目设计与开发的高层次行政管理与应用型人才。

2. 教育层次结构的划分

综合类及师范类体育学院（系）应根据教育层次结构的不同，培养户外运动人才时在培养模式上应有所区别。在培养户外运动本科人才时，可侧重向户外运动中级指导员、户外拓展训练培训师、各类户外运动相关教练员、学校户外运动教师、户外运动俱乐部与用品店中级经营管理人员等方面的培养。从我国户外运动的发展趋势分析得出，未来户外运动所需人才应是复合型人才，这种复合型人才既要懂得户外运动技术与相关知识，也要懂得体育产业管理和

经营方式。同时，我国户外运动领域需要高尖端的户外运动人才来促进其更好地发展。因此，综合类及师范类体育学院（系）应在培养户外运动本科人才的基础上，培养户外运动人才。

在培养户外运动硕士研究生时，人才选拔上要有一定的要求，因为培养硕士研究生就是培养从事户外运动的高级人才。近几年，随着跨学科考研学生的增多，许多学生对自己所报专业了解甚少，这势必会影响户外运动人才的质量，也会对学生毕业后就业方向的选择造成一定的影响。因此，学校对户外运动硕士研究生的培养过程不能一概而论，应有针对性地制定出学生的培养目标。

培养硕士研究生应将体育类学生和跨专业类学生所有区别。体育类学生有着扎实的身体素质和体育方面的知识，可重点向高校户外运动教师、高级户外运动指导员与户外拓展培训师等方面进行培养，研究生学习期间导师可在制订培养计划时，加强体育管理、经济、户外运动技能与知识、户外运动相关知识等内容的培养。近几年，由于考研形势严峻，目前跨学科报考体育专业的学生，以英语、中文等专业居多。由于所学专业的不同，他们对体育方面的了解不够全面深入，因此在制订培养计划时并不能与体育类学生相同，应根据他们自身特点制订相应的培养计划。例如，他们在英语方面的优势明显优于体育类学生，所以在培养时可侧重于向户外赛事的组织与策划、户外运动杂志的创编、户外经纪人以及户外俱乐部与用品店经营管理等方面培养，同时在学习中也应加强其户外运动知识与专业技能的培养。

（二）户外运动专业课程的设置

1. 专业课程设置的内容
（1）理论知识类课程。理论知识类课程包括专业基础课程与主要专业课程。

专业基础课程包括户外运动概论、运动解剖学、运动生理学、体育管理学、体育经济学、中华体育养生学、户外运动心理学、体育健身原理与方法、地理与气象学概论、动植物学与环境学等。

主要专业课程包括户外运动市场营销学、户外运动竞赛组织与管理、户外装备设计与使用、户外运动医学基础、户外食品卫生学概论、野外生存体验、登山运动、攀岩运动、定向运动、拓展运动等户外运动项目理论概述。专业课程的设置也可根据体育院校各自开设户外运动方向的特点，添加一些有针对性的科目。

（2）应用实践类课程。应用实践类课程包括户外运动各类项目的技能实践课程、社会实践活动、教育实习等。教育实习是培养和检验学生教育、教学工作实际能力的重要环节，也是理论与实践紧密联系的重要方式，并且户外运动对实践与理论相结合的掌握、对经验的积累要求都较为严格。

在完成以上规定课程的基础上，可根据个人特长、爱好以及专业相关的知识需要，开设专业（限制）选修课。专业（限制）选修课包括术科专修技术与理论、工商管理、户外用品装备等知识、户外运动风险、体育旅游、体育运动（如田径、羽毛球等）等科目。

2. 课程设置的基本原则

（1）紧靠行业需求，以就业为导向原则。要把就业问题作为关系学校发展的重大问题来抓，在招生、教学、管理、毕业生就业等问题上坚持以市场和社会需求为导向，形成一个有机结合的整体。户外运动方向教育在专业设置、课程设计和教学实施的过程中，除了结合自身的特点外，都必须与社会的发展、市场的需求相一致，紧贴户外运动与人才发展的趋势，以就业为导向。高校在培养户外运动人才时必须认真研究毕业生就业市场和生源市场，使专业定位、招生规模等都能按照此行业市场需求的变化而变化。

（2）素质为基础、能力为本位的原则。综合类及师范类体育学院（系）所培养的户外运动人才应是建立在全面素质教育基础之上的。因此，在培养户外运动人才时，不论是培养目标的制定、教学的实施与管理，还是教学的评估与改进等教学工作，都应紧紧围绕素质与能力的培养来进行，同时还要注意贯彻"理论与技能都应全面掌握"的原则。

（3）理论与实践相结合的原则。户外运动是一项具有风险性的运动，不仅需要扎实的户外技术能力，各种丰富的户外理论知识也是必不可少的。因此，在培养户外运动人才时应重视理论与实践能力的均衡掌握与发展。

（4）培养户外运动人才应切合实际。随着户外运动在我国的迅速发展，目前许多综合类、师范类体育学院（系）和体育院校都随之开设了户外运动专业，来适应社会对人才需求的发展，这对我国户外运动人才的培养向专业化、正规化的方向发展具有较大的促进作用。但是，由于我国户外运动发展时间不长，一些体育院校并不具备培养户外运动人才的一些基本条件，目前许多院校所拥有的户外运动专家与教师的数量不多，而且一些授课教师对于户外运动的了解没有那么深入细致。很多教授户外运动的教师都是出于爱好，了解了一些户外运动理论知识及实践操作，自身并未形成良好的知识体系。因此，在培养户外运动人才的质量上不免打了一定的折扣。因此，我国各个综合类、师范类体育学院（系）和体育院校应在自身所具备的条件与能力的范围内，实事求是地培养户外运动人才。不具备培养户外运动人才的院校，应先提高与完善培养户外运动人才所应具备的条件，再切合实际制定出培养户外运动人才的相关政策。

（5）根据院校自身优势与所处区域特点制定培养目标。目前，一些开设户外运动方向的高校，许多都是按照学院的自身优势与所处地理环境的特点，有针对性地制定培养目标。如今，全国许多综合类、师范类体育学院（系）和体育院校开设了体育管理、体育经济等专业方向，在专业学科的基础上，在师资力量完善的情况下，各高校也可以考虑培养户外运动俱乐部与户外运动品牌管理人才、户外运动经纪人、户外运动产业开发的管理人才。因此，培养户外运动人才的模式应该是开放的、多层次的，这样才能使培养出来的人才更好地适应社会的需要。各高校应根据自身特点及所处地理环境的优势来培养户外运动人才，这样既可突出其培养户外运动人才目标的独特性，减轻自身对户外运动基地建设的资金投入，也可对所处区域户外运动的发展起到促进作用。

（三）体育院校户外运动人才培养的措施

户外运动方向是一种新的专业方向，是体育教育领域中的新生事物，从它所包含的内容和项目来看，作为一个研究方向，既可以把它划分到体育旅游中，也可以划分到社会体育中，还可以划分到休闲体育中。不管其划分到哪一范围中，它必然有许多新特点和新规律。由于我国开展户外运动人才培养的时间不长，所以如何更好地培养户外运动人才，还需要在实践中不断进行总结和探索。

1. 加强户外运动师资队伍建设

要想实现培养从事户外运动的多层次、应用型人才这一培养目标，必须建立一支与之相匹配的师资队伍。坚持培养与引进相结合，建立一支数量适当、结构合理、业务精良的物流师资队伍，也是培养好户外运动人才的关键。这就要求教师既要有丰富的理论知识，也要有丰富的实践经验。但目前高校户外运动教师数量相对较少，而这种复合型专业户外运动的教师更是凤毛麟角。因此，高校应加强对户外运动师资队伍的建设。加强对户外运动师资队伍建设的主要途径，是要努力建设自身的专业队伍，对于教师的选拔应严格要求，具体方式有如下内容。

"送"：就是选拔部分教师到一些户外运动专业开设较好的国外高校，进行学习、考察、交流，重点针对一些实践能力强但是理论知识相对薄弱的教师。

"练"：对一些实践能力相对缺乏的教师进行培训。

"带"：以老带新，以强带弱。

"引"：从户外运动俱乐部或者其他高校引进一些户外运动人才担任专业

课教学工作，也可以定期请一些资深的户外专家、学者担任客座教授。

"聘"：聘请一些具有丰富户外实践经验的专家担任兼职教师，从而建立一支稳定的校外兼职教师队伍。

各院校应实施户外运动师资队伍教学质量的制度化管理，并将其具体落实，具体内容有如下几个方面。

（1）制定定期听课制度。组织有关专家、教授成立教学督导组，进行突击性听课，将发现的问题应及时反馈给任课教师，以便改进教学方法，提高教学质量。

（2）制定考核激励制度。许多高校对教师教学质量的考核重视不够，造成一些教师上课懒散，教学方法过于陈旧。针对这些现象，各高校应制定出教师考核激励制度，提高教学质量，主要包括授课教师的教学情况、考勤情况、学生的评价等。

总之，高校应尽量挑选有丰富教学经验和专业基础较扎实、认真负责的教师任户外运动授课教师，对教学经验与专业知识较少的教师，应先对其进行专业培训，坚决贯彻"先培训，后上岗"的原则。

2. 设置新型课程体系

课程体系不仅仅是户外运动方向，也是所有体育专业教学计划的核心，它是根据专业培养目标与业务规格确定的。专业课程方案是对户外运动人才培养目标、规格、评议方式与内容的总体规划与设计。因此，在设立、研究、探索户外运动方向教学计划、课程设置以及教学实践环节的安排等方面，应充分体现该方向培养目标的特点，依照培养目标，合理设置课程，既要符合一定的基础课程规范，又能突出专业特点，以改变传统专业课程、教学模式单一的状况。

体育院校在进行课程设置时，应在公共基础课、专业课中都设置一定比例的选修课。选修课的比例可控制在全部课程的25%～35%之间。对于户外运动项目来说，具有扎实的户外技能是尤为重要的。所以，在培养户外运动人才的过程中，学生在掌握户外知识的基础上，应加强户外运动技能的培养。因此，在校期间学生应边学习边到一些户外运动俱乐部或机构进行实习，提高自身的户外运动技术能力。

3. 开展校企合作

对于户外运动来说，目前仍然属于一种高消费的运动项目。由于户外运动自身具有的独特性，因此从事户外运动需要一系列特定的户外装备，如户外服装、户外用具等，这些户外装备目前价格都相对较高，损坏速度较快，需要定期更新，否则会存在一定的安全隐患。这对学校经费的预算与户外运动方向的学生来说，资金压力相对较大。所以依靠企业的赞助合作办学，可以减少学校与学生在经济方面的投入，也为户外运动人才的培养提供了有利条件，同时可以提高户外运动在社会的知名度与扩大户外运动普及的范围。

高校还可以与当地户外运动（用品）俱乐部，进行多种互通有无、取长补短的资源共享活动方式，其合作的主要形式为联合办学。通过协作、挂靠等形式进行联合办学，人员互聘。可聘请一些户外运动俱乐部与外校的资深户外专家与教师作为本校顾问与管理人员，以此指导其教学、科研、管理等工作。

4. 建设户外训练基地

各高校在探索培养户外运动人才的办学模式下，应变封闭式办学为开放式办学，根据培养户外运动人才的特点、就业方向和社会需求，建立校外教学实践基地，进行教学训练与实习。

第二节　户外运动俱乐部培养模式分析

以倡导和宣传户外运动，组织和开展户外运动为主要经营内容的团体、协会或企业机构，称为户外运动俱乐部。"在全民健身时代，户外运动俱乐部是开展群众性户外运动与休闲活动的主要载体。"①

一、户外运动俱乐部培养形式及特点分析

（一）户外运动俱乐部的培养形式

户外运动俱乐部培养户外运动人才时侧重人才的实用性，因此其培养户外运动人才的基本形式可以是师父带徒弟（即让从业时间长、经验丰富具有资质的户外运动专业人员带领二至三名学员）或者以开设短期培训班的形式培养各种户外运动人才，并且定期进行专业知识与技能的考核，针对平时的表现等方面，由俱乐部向地方体育局申请，再通过有关部门严格的审核后，对符合要求的学员颁发各类等级的户外运动证书。合格者在拿到资格证书后，各俱乐部可自定考察时间对其进行考察，在考察期间若出现问题较多，俱乐部有权取消该学员的户外运动相关资格。具有较高资质的户外领队或人员，俱乐部可以

---

① 刘华荣，刘良辉. 全民健身时代户外运动俱乐部的发展思考 [J]. 体育与科学，2013，34（1）：99.

根据自身的经济能力，将其派遣到国外进行学习与考察。此类培养模式可针对业余与专业户外运动人才的培养。

在国外，俱乐部对户外运动的培训是非常严格和系统的，如西雅图登山者俱乐部，它可以在学院开设两个级别的课程：初级和进修级。初级班的学员只有资格参加初级难度的登山活动，只有从初级班毕业才能进入进修班。从进修班毕业后，方有资格申请领队资格。有领队资格的人可以独立召集队伍组织其所感兴趣的登山活动。这些课程都是长达数月之久的系统教学，保证了登山者具有安全活动的知识与能力，这也是国外户外事故发生率较低的原因之一。因此，国外俱乐部的这种培养户外运动人才的模式是值得我们借鉴的。

（二）户外运动俱乐部的特点分析

户外运动俱乐部培养形式的特点是可以直接与现实相联系，培养的人才在短时间内即可就业；培养出来的户外运动人才可以较快地适应与满足社会的需求；户外运动俱乐部培养户外运动人才可以提供更多的户外实践机会，从而能够较快地提高户外运动的综合能力与经验。这种培养形式有利于我国户外俱乐部的发展，培养出的人才在短时间内可熟悉与掌握俱乐部的各项业务情况，又可在短时间内上岗，减少了俱乐部对引入人才的资金投入，同时又能及时弥补俱乐部专业户外人才的缺乏。

当然，这种培养形式的不足也是显而易见的。其培养出来的户外人才对户外运动相关知识与技能上不能较系统、全面地学习与掌握。

二、户外运动俱乐部的运作模式

目前，我国国家体育总局根据户外运动俱乐部的组织形式，将其分为四种类型，即户外运动俱乐部、登山协会、户外运动协会、网络虚拟俱乐部。在这四种形式中以实体户外运动俱乐部和网络虚拟户外运动俱乐部数量居多。

纵观近年来户外运动产业的发展，可见我国的户外运动俱乐部在运作模式和管理体制上尚不够成熟，更不够规范。下面以户外运动俱乐部为研究主体，对其运作模式进行归纳和厘清，从运作流程的分析和营利性与否的角度，尝试对其运作模式进行分类，最终从营利性和非营利性两方面的运作模式分别对其进行归纳和特征总结。

（一）营利性俱乐部运作模式

目前，随着户外活动的日益普及和参与群体的迅猛增长，其中呈现出的诸多商机也逐渐为商家所关注。如很多以组织活动为主的营利性户外运动俱乐部，完全采用商业化模式，会员除了缴纳活动成本费用外，还需向俱乐部缴纳一定的服务费用或者培训拓展费用等，俱乐部以此获取一定的利润。

营利性户外运动俱乐部的运作，大致有三种经营模式：捆绑式运营、培训式运营和单一式运营。户外运动俱乐部的营销途径，主要是建立网站、媒体宣传、赛事组织、联盟共享、发展会员等。户外运动俱乐部的经营模式相对单一，市场定位不够准确，应充分发挥其地域资源，突出特色，拓宽营销渠道，进行多元化经营。

第一，户外运动俱乐部与户外用品店捆绑式的运营，主要是以组织户外活动来带动相关产品销售。如通过不定期组织集体登山、徒步穿越、野外露营等户外活动项目来带动户外有形产品，诸如户外装备和相关设备的销售，这种由户外运动产品店衍生出的户外运动俱乐部是目前数量较多的一类。其俱乐部本身是不营利的，组织活动只是手段，目的是积累人气，打造品牌文化，营利主要依靠销售装备和户外产品。

第二，从事特色拓展项目和培训项目的户外活动经营企业或公司，以素质拓展和培训方式为经营手段，依靠户外活动开展拓展训练业务，为企业或者学校提供团队训练、野外生存训练的拓展训练。这类俱乐部主要通过户外设备与装备销售、拓展训练服务等达到盈利目的。

第三，单一式运作俱乐部，主要有两种形式：①仅经营户外用品，不组织户外活动，依靠出售、出租户外运动用品维持运营；②仅组织户外活动，依靠收取户外活动的组织费用营利。前者以经营户外用品店为主，在一定程度上可降低运营风险；后者一般不经营户外用品，主要通过组织各类户外活动进行盈利。

（二）非营利性俱乐部运作模式

非营利性的户外运动俱乐部，源于对户外的爱好和自愿参与的原则。完全非营利的户外运动俱乐部，坚持 AA 制的模式运作，一般都是在网上靠发帖搞活动，类似于自助游形式，典型的代表如穿越者户外。非营利性俱乐部运作模式的主要类型，包括户外网络社区、户外网络虚拟俱乐部以及高校的户外运动协会组织等模式。

目前，非营利性户外俱乐部有其显著特点，是由户外运动爱好者自发组织形成的，一般是通过在俱乐部论坛上发帖子来组织活动，组织者不以营利为目的，完全是为了结交爱好户外运动的朋友。他们在网上组织的活动大部分是 AA 制的，有的会在 AA 制的基础上加收一定的组织费用，作为运营管理的必要成本支出。

AA 制非营利性俱乐部的存在，是户外俱乐部最初产生的根本原因，是各个户外俱乐部为了推广自己的户外用品，而户外俱乐部所组织的出游活动并不营利，这种状况一直延续到现在。虽然也有一些户外俱乐部开始专业从事各类活动的组织，并引入营利性俱乐部运作模式，但营利性的户外俱乐部旅游形式仍是占少数。然而，户外俱乐部旅游形式要想持续发展，这种 AA 制为主的营利方式恐怕将会难以为继，非营利性户外运动俱乐部向营利性规模化发展是一种不可阻挡的趋势。

三、户外运动俱乐部的运作流程

(一) 营利性户外运动俱乐部的运作流程

作为户外运动重要的载体——户外运动俱乐部是由户外运动服务性经营者组织，会员在自愿、互助、互惠的基础上自主参加，为实现休闲、娱乐、健身、享受与快乐、社交等目的，并有相应的权利和义务的体育团体等。另外，俱乐部还采用所谓的会员制经营方式，即服务对象主要是个人消费者以及非会员制的团体客户等。从宣传营销看，各家俱乐部都注重网络宣传等媒体手段，其中部分户外俱乐部拥有自己的网页，但从宣传营销的内容来看，大体包括三大方面：即该俱乐部开展活动的宣传，经营产品的介绍以及俱乐部会员进行交流的论坛。因此，营利性户外运动俱乐部的运作流程就是要体现其营利性所在，从户外运动俱乐部主体角度来看，首先是市场调研定位目标群体后进行产品设计和服务的咨询，其次是进行市场推广、产品宣传销售与服务的开展等，最后是活动的效果评估和信息反馈。

1. 事前活动准备

营利性户外俱乐部在活动前的准备阶段，其重要的工作是市场定位和产品设计，比如三夫户外，利用其广大的户外爱好者客户群体，设计诸多具有特色的户外运动线路、活动项目、活动形式等。作为公司性质的营利性户外运动俱乐部在成立之初，要有严格而完善的俱乐部章程、组织架构、管理体制以及安全保障体系等。此外，俱乐部想要顺利进行运作和经营，对俱乐部自组织的管理体制建立也要做好前期准备。作为管理者，不仅需要有启动资金的支持，还需要有资质的户外领队群体和管理人员。因此，户外俱乐部领队资质认证和聘用也是活动前的必要工作，而素质拓展俱乐部的领队更加需要有专业的户外活动技能和户外突发事件应急处理能力等专业素养。

户外运动参与人员的技能培训，也是俱乐部事前准备的一个重点，尤其是营利性户外俱乐部在开展活动和素质拓展前，要做好户外知识讲解和活动中的安全自救教育等，以确保户外活动的顺利开展。

2. 事中活动实施

俱乐部正常的经营运作阶段，以营利为目的户外运动俱乐部，需要设有专门的市场部，负责核算收支、费用管理和资金核算等。营利性户外运动俱乐部日常经营有三种重要的营利路径：①组织活动，收取俱乐部会员一定的会费，通过组织活动获取会员的会费盈余，以达到营利目的；②做好户外产品和户外装备的销售，这也是俱乐部最重要的一项的经济收益，户外产品销售有实体店铺和网站销售不同形式，因此要做好不同的营销方案，加以宣传和推广；③素质拓展公司，要通过拓展项目的设计方案营销，以团队训练和公司员工培训等形式进行销售。

此外，还有对会员的管理、市场营销、产品宣讲、户外培训等，这些都是户外俱乐部营利空间开发的有效途径。

3. 事后活动反馈

俱乐部活动结束后，作为营利性户外运动俱乐部，首先要做的是收支核算和资金运营信息反馈。在进行成本核算的同时，要对俱乐部的经营运作模式进行总结。

从营利性户外运动俱乐部运动流程来看，其营利性的环节主要体现在产品销售和经营运作上，营利的来源有会员会费缴纳、户外运动装备和户外产品的销售、素质拓展门票收取以及部分的广告赞助等。从这一环节分析，三种模式的营利性户外运动俱乐部的营利方式有一定的差异，因此在运作流程上也不能一概而论，既要有所区分又要有所侧重地进行设计。

（二）非营利性户外运动俱乐部的运作流程

户外运动在我国发展的初期阶段，大部分的户外运动俱乐部都是由爱好者自发组织的、采用 AA 制形式的俱乐部，但随着户外运动在我国的迅速发展，非营利性的户外运动俱乐部在运作流程中重视对会员的管理和会员对俱乐部章程的遵守，以确保在户外活动开展过程中对成员的约束和安全保障等，从活动组织召集形式、活动项目开展和信息反馈角度进行管理和运营。

非营利性俱乐部的运作流程也有其显著特征，它们不是旅行社，是非营利性的户外爱好者团体，俱乐部的管理者即领队，和俱乐部会员都是一些户外活动的爱好者，所以这种俱乐部愿意为喜欢户外活动的人提供一个以户外活动为主题的交流平台，让更多人通过俱乐部认识户外活动并参与其中，以维持俱乐部的存在。

1. 事前活动准备

非营利性俱乐部的职责，是审核召集人制定的活动行程安排、活动方案，配备必要的户外通信设备和救助装备。

非营利性俱乐部在活动前主要通过网络发帖约伴、QQ 群召集"驴友"、网络社区好友等形式召集会员，这种组织形式属于自愿参与，并有较强的临时性和组织的松散性等弊端。其会员实行 AA 制原则，费用透明化，提升了会员对俱乐部的信任和参加活动的兴趣。

因非营利性户外俱乐部运营机构松散、组织性较差，因此活动前的知识讲座和技能培训等尤为必要。为了确保户外俱乐部活动的顺利开展，活动前的准备阶段任重道远。

2. 事中活动实施

非营利性户外俱乐部在活动开展过程中，以完成某次户外体验为主要任务。从组队时刻开始，以 AA 制为原则，花费自理。活动中以领队为核心，听从指挥，进行登山、徒步、越野等活动。户外活动不是单纯的游山玩水，可能没有固定的路线，与传统的旅游有根本的不同，要求参与者能够勇于挑战自我、尊重和爱护自然、具有强烈的团队意识。而户外活动存在一定的危险性，参加者必须听从领队的指挥。户外活动中还有一个十分重要的要素是相互信任，如果没有彼此的相互信任和相互帮助，在野外时可能会有危险发生。会员和队员相互之间如果了解程度不够或者根本不熟悉，户外活动的危险性和不安全性质，就会为户外安全事故发生埋下隐患。

3. 事后活动总结

非营利性户外俱乐部的活动从开展到活动的完成阶段，不需要俱乐部做更多的总结和核算，只要领队或者活动的组织者以公开活动费用支出明细即可。

非营利性户外俱乐部的活动，若无法带来其他节点上的营利，那么户外俱乐部将难以为继，领队和经营者也将没有动力继续组织活动，这样户外俱乐部的人气就会逐渐降低，最后导致恶性循环。因此，未来的户外俱乐部旅游若要作为旅游业的一种形式而独立存在并持续发展，可以考虑引入商业化运作模式，使户外俱乐部旅游本身得以营利。保证了利润的来源，才能够保证户外俱乐部的资金畅通，才能够加大宣传推广的力度，这样，户外俱乐部旅游的发展才能走上良性发展的道路。

当然，AA 制的模式也不会全部消失，因为毕竟有很多游客仅仅希望能够通过俱乐部平台结交一些结伴的"驴友"，而不需要其他组织服务。只是这种模式一般只适合于较有经验的户外旅游者，在目前仍属少数。

（三）两种模式运作流程的比较

1. 共同点

（1）首先，户外运动俱乐部在运作流程上都是以户外活动的时间序列为主要过程，对活动的事前、事中与事后三个环节进行管理，户外运动俱乐部的会员制特征最为突出；其次是自愿参与和主动参加。因此，两种模式的俱乐部的运作流程都体现了对会员的管理和服务。

（2）在参与户外活动之前必要做好培训和身体条件的准备，以确保户外活动过程中的安全性。还有户外活动保障体系，不管是营利性的和非营利性的俱乐部，其经营运作的保障体系都至关重要。完善的户外活动安全保障体系是户外运动产业良好发展的坚实基础。

2. 不同点

（1）较为突出的是营利性俱乐部以开发产品、设计特色路线、拓展培训等项目为主，以营利为目的；非营利性户外俱乐部以户外体验、宣传俱乐部名气为主要目的，较少涉及营利问题。

（2）营利性与非营利性，还主要体现在管理机制上。营利性俱乐部有严格的公司管理体制和公司规章制度等；而非营利性俱乐部组织松散、不稳定，随意性较强，但随着俱乐部参与活动的普及和户外运动产业的迅速发展，非营利性向营利性的转变趋势明显。

综合比较目前我国户外运动俱乐部的运作流程，整体上程序相似，都是基于户外活动组织过程的时间序列实施户外活动；在户外安全管理方面差异甚微。因此，从户外活动的流程针对户外俱乐部管理的安全系统进行归纳分析，从而构建完善的户外运动俱乐部安全管控体系。

四、户外运动俱乐部模式的安全系统分析

户外运动在我国发展的初期阶段，大部分的俱乐部都是由爱好者自发组织的、采用 AA 制形式的俱乐部。但随着户外运动在我国的迅速发展，户外运动俱乐部开始慢慢走向商业化的道路。而在这一转型的过程中，必然会出现各种各样的问题。户外运动俱乐部越来越以营利为目的，忽视甚至无视安全问题，致使户外运动中安全事故的发生。

目前，我国户外俱乐部的安全问题仍没有引起人们的高度重视。因户外事故频发，国家有关旅游行政部门和户外运动部门已渐渐重视并开始构建安全系统。从户外运动俱乐部的经营运作流程分析，户外运动俱乐部的安全保障系统主要从事前、事中和事后三个阶段来进一步明确安全保障功能以及主要模块，包括宏观层面的户外安全政策法规系统和社会公共安全服务系统，中观、微观层面的社会保险和户外专业保险系统和微观层面的俱乐部自组织安全保障系统以及户外参与者安全防范系统。通过户外俱乐部安全系统的构建，分别从户外运动俱乐部活动的不同阶段，分析目前我国户外运动俱乐部的安全保障现状以及存在的问题，并进行安全分析和设置保障体系。

其中，在户外运动安全政策法规系统、社会公共安全服务系统以及社会保险、专业保险系统方面，营利性与非营利性户外俱乐部没有较大差异，但在户外俱乐部自组织安全保障系统和参与者安全意识和安全防范系统方面，营利性和非营利性俱乐部的差异较大。

（一）户外运动安全政策法规系统

户外安全政策法规系统，是户外安全保障系统的基础，户外运动政策法规系统指导并规范着户外安全保障体系中的预警、控制、施救行为等，为户外安全管理提供法律依据。它能够从政策法律的权威性和强制性的角度来规范和控制户外从业人员的行业行为，强化和提高户外从业人员的安全意识和防控意识，唤醒和提高户外参与者的安全意识。同时，通过户外安全政策法规系统，可以唤起和提高社会公众对户外安全问题的关注，提高社会公众户外安全防控的意识和能力，促进户外运动安全管理工作的开展，最终为户外运动的大众化推广提供保障。

通过对目前旅游相关法律法规和户外相关法律法规的梳理，我国至今尚未有一部专业的法律法规，针对户外运动的风险致害责任或者户外安全救援相关归责做出明确的界定。有关户外运动的规章制度，目前主要是国家体育总局以及国家体育运动委员会颁布的几个管理办法，如《航空体育运动管理办法》《国内登山管理办法》。此外，还有国务院颁布的《外国人来华登山管理办法》。

诚然，对于户外运动的风险致害责任，我国目前尚无专门的法律规定和制度，但并不是说这个领域不受任何法律的调整，它仍然受到法律的一般性规定和基本原则的规制。

户外运动从本质内容上属于体育运动范畴，但却又明显带有旅行社组织旅游团的商业性质，这样的发展现状，难免会有漏洞。尽管户外运动按照规定须经省市体育部门严格审批，但这种带有交叉性质的综合性活动往往很难由体育行政部门单独来规范管理。体育部门和旅游部门在行政执法和业务管理方面的交叉盲区为户外运动俱乐部的规范管理留下了一定的法律真空和管理空白。要构建户外运动俱乐部运作的安全系统，户外法律法规系统是基础保障，能够为户外产业发展提供一个良好的法律环境。随着户外产业的迅猛发展，完善户外法规系统迫在眉睫。

（二）社会公共安全服务系统

首先，公共安全服务的提供一般具有规模大、成本高等特点，需要借助政府力量，动用大量的社会资源。同时，由于其在一定空间范围内具有消费的非排他性、效益外溢性及效用不可分割性等属性，使人很容易产生"搭便车"心理，期望不消耗自己的成本而享受别人通过努力获得的安全成果，难以依靠市场机制实现资源的最优配置。随着市场经济主体活动的日趋频繁和复杂以及户外运动产业的发展，户外参与者和户外运动爱好者等公众群体对户外安全服务的数量和质量提出了更高的要求。政府部门受自身财力和能力的限制，无法及时有效地满足户外公众的多样化需求，供求矛盾日趋凸现。

其次，完善户外俱乐部行业管理制度。各地的户外俱乐部基本归各地登山协会主管，但由于登山协会属于民间组织，并没有具体管理职能，只能负责审核各家俱乐部的资格。不过，由于许多户外俱乐部拥有了自己的装备实体店，如今他们也会将旗下的户外俱乐部挂靠在实体店内，一定程度上解决了注册和合法性难题。按照目前我国的现状，需要整合发展户外俱乐部，鼓励其提供优质服务。户外俱乐部是我国户外产业发展的主要生力军，可以预见，随着出游人群对活动质量和安全保障的要求，户外俱乐部将会有越来越大的市场，在其数量激增的同时，需要通过专业的、有特色的个性化服务吸引客户；同时，户外俱乐部要积极整合资源，扩大规模、业务范围，不断提高营利能力，扩大竞争优势。

目前，我国的户外运动公共安全服务系统，主要依靠社会公共安全部门，尽管有一定的户外安全保障功能，但是涉及较为专业的和特殊的户外项目时，公共安全服务功能仍有较大限制。而专业的户外救援和户外服务机构系统尚不成熟，其中发展较好的有蓝天救援队和部分省市的户外旅游救援组织等，但是仍然与迅猛发展的户外运动产业和户外俱乐部活动的安全保障要求相距甚远，这也是户外安全事故频发的原因之一。

（三）社会保险与专业保险系统

社会综合保险服务系统是户外运动健康有序发展的重要保障，随着国内登山户外运动的兴起，针对户外这一领域的专业风险管理和保险保障服务也逐渐受到业界关注。

根据系统安全理论的观点，任何人类活动中都潜伏着危险因素。这就要求俱乐部管理者摒弃侥幸心理，随时随地保持安全意识，切实加强并落实户外运动安全管理工作。同时，树立并重视"主动预防"的安全理念，绝对不能把安全保障的希望全部寄托在户外运动保险上。事实上，任何保险只可在一定程度上规避经济风险，却不能完全预防安全事故的发生。户外运动从业者必须走出"保险"认识误区，积极消除户外活动安全隐患，变被动预防为主动预防，从而最大限度地避免户外安全事故的发生。

（四）俱乐部的安全保障系统

俱乐部的安全保障系统，主要从户外俱乐部的企业资质认证制度、领队资格审核和资质认证、俱乐部操作流程、俱乐部的安全事故救援能力和措施等方面进行设计，以确保俱乐部在户外运动活动开展和项目运作中的安全保障功能。在自组织安全保障系统和参与者安全意识和安全防范系统方面，营利性和非营利性户外俱乐部有一定差异。结合对户外运动俱乐部安全概念的理解，俱乐部安全保障系统要包括俱乐部组织的自身安全保障、俱乐部领队的安全保障和俱乐部组织活动的安全保障等。

1. 营利性俱乐部的安全保障系统

（1）严格执行户外运动俱乐部市场准入制度。对户外运动的组织者和领队实行资格认证制度，只允许取得"户外运动指导员资格证"的人士从事和组织各种户外运动，确保户外参与者的人身安全。在活动策划中绝不能以"奇""险"为噱头或卖点，避免片面追求冒险刺激而人为增大风险系数。组织者在组织户外运动时，须事先实地勘察活动地点和行进路线，制订周密的活动计划及紧急救护应急预案。

组织者在召集活动时，需慎重考虑线路的难度等级是否与全体队员的经验、体能状况相符，提高户外运动者的自我保护意识。领队则需在队员挑选、装备检查、活动时间把握、活动强度控制、行进路线确定、事发后的急救等诸多方面严格把关。

建立户外运动申报制度和事先备案制度，以供相关主管部门掌握户外活动的动向。随时与户外运动地管理部门保持密切联系，以便在事发的第一时间开展及时救援。

（2）强化户外专业队伍建设。户外运动往往在非成熟旅游地进行，各种接待设施和保障设施条件尚不完善。在户外活动中，领队是一支队伍的灵魂，领队的资历和经验是非常重要的。领队除了要把队员组织好、把队伍带好，还要给队员传递一些技能技巧，并且要把大家的情绪管理好。目前，我国户外运动的持证领队并不多，大多数户外运动的领队都是有经验的"驴友"而已。更有一些户外运动爱好者在组队时，领队为了凸显自己的权威和本事，选择实力远不如自己的队员；还有很多俱乐部基本不会对队员进行筛选，只要报名就可以参加。这些都增大了户外运动的危险性。

当面对各种无法预料的自然灾害威胁时，户外参与者自身失误或任何一丝疏忽即可导致人身伤亡事故。在目前的很多探险活动中，参与者彼此熟悉程度低，相互协作程度及效率均不高。除购买人身意外伤害保险外，个人安全问题基本由其本人完全负责。这就要求组织者必须具备丰富的户外运动实践经验、灵敏的突发事件反应以及强烈的责任心，熟悉出行路线并掌握参与者的身体状况和心理素质等基本情况。而在现实中，户外运动组织者和领队资格标准并未成型，审核评定工作严重滞后。

因此，目前急需制定安全路线标准并培训专业组织人员。定期对俱乐部会员及户外运动爱好者进行安全教育与训练，使之具备切实可行的救援常识和基本技能。

（3）强制使用安全认证装备。户外运动装备包括基本装备（如背包、睡袋、地图、指北针、刀、火种、急救箱）和专业性装备（如卫星定位器、冰抓、登山索、潜水器材等）。品质优良且性能卓越的户外装备是户外活动者生命安全的有效保障。然而，受个人经济能力水平的制约，户外参与者所配备的户外装备设施往往品质不一，这成为户外运动中最难解决的问题之一。为此，必须对户外用品经销商的户外运动产品进行全面检查，未取得国际登山联合会（UIAA）安全检测认证的产品一律予以清查，杜绝假冒伪劣户外运动装备流入市场，从装备方面提高户外参与者的自我保护和有效自救能力。

2. 非营利性俱乐部的安全保障系统

俱乐部组织的户外运动准入制度较为松散，对户外运动的组织者和领队实行资格认证制度不严。因此，非营利性户外俱乐部安全保障体系的构建，更需要依托社会公共安全服务系统的安全预警机制，在活动前做好预警和安全预防工作。在活动开展过程中，非营利性户外俱乐部缺乏严格的俱乐部组织机构和管理机制，因此社会公共应急救援组织显得尤为重要。另外，户外领队的安全救援经验和技能，也是俱乐部安全保障系统的重要环节。

非营利性户外俱乐部的安全保障系统尚不完善，户外安全事故发生概率较高，因此是户外运动产业发展的关注重点，也是户外运动管理工作的重要管控环节。

我们应整体上加强俱乐部的安全救援能力，从俱乐部的安全防范设施、装备准备、领队户外技能的培训、俱乐部安全保障管理条例制度化、户外救援方式方法的普及等角度，做好俱乐部的安全保障体系。在各级登山协会的指导下，积极面向俱乐部和户外爱好者开展户外指导员、户外教练员、户外保护员、户外救生员等专业人员的培训考核工作，切实建设具备实战能力的户外运动安全保障队伍。

（五）参与者的安全意识与防范系统

第一，安全准备和经验积累。户外运动的参与者是户外运动俱乐部的服务目标和对象，在户外运动中是极其重要的一方。户外运动俱乐部是组织户外运动参与者进行户外运动的主要形式，俱乐部的服务质量问题就显得尤其重要，特别是安全准备的问题。目前，我国户外运动的参与者虽然有着学历高、年纪轻、收入也较高的特点，但他们当中的绝大多数也只是为了追求身心的放松或者寻求刺激而去参加户外运动的，相关技能是非常业余的，有的甚至一点户外经验都没有，这就容易导致安全事故的发生。

第二，安全防范措施和自救技能。目前，很多人盲目参加户外运动，把参与户外运动看成是一种时尚，把户外运动当成了变相的旅游，而对户外运动的专业知识、事故急救知识知之甚少，对自己的体能也没有正确的了解，甚至不去考虑天气条件、地形地貌以及可能发生的危险，认为这些都是领队的事，自己只要跟着行动就可以了。这些都显示出部分户外运动参与者的安全防范意识较差，无疑增加了户外运动的危险系数。户外运动参与者的这些特点，给户外运动俱乐部带来了很大的挑战，参与者思想意识、身体素质等的参差不齐更加大了组织的难度，如果户外运动俱乐部对这些都予以忽视，就更是增加了户外运动的危险性。

户外运动是一项专业性、技术性很强、危险性很大的运动项目。对于这项新兴的体育项目而言，我国广大的户外运动爱好者很多仍是新手，在这方面没有足够的专业知识和训练，缺乏对突发事件的应急处理能力，一旦发生意外往往束手无措，无法自救。户外参与者的安全意识和防范措施以及自救能力等，是户外活动中的重要因素，也是导致户外运动安全事故发生的重要因素。因此，户外运动参与者安全防范系统的构建，需要从参与者的主观意识和户外知识出发，建立严格规范的、分层级的培训和监督机制，从而保障户外运动俱乐部的安全运作。

第三，户外活动参与者安全防范系统。户外运动参与者是户外运动的主要活动主体和服务对象，其对安全防范系统的构建起到了非常重要的影响作用。

参与者的安全意识是为户外运动的首要因素，因此，在开展户外运动过程中应重视参与者的个人意识。尽管有些户外运动参与者个人的安全防范意识是较高的，但能否将较高的意识行为转为实际的行动也是我们应该去考虑的问题。因此，一方面，应加强户外运动参与者安全防范意识方面的宣传和教育；

另一方面，应注重如何让户外运动参与者把安全意识体现在户外运动活动项目中，只有这样才能从根本上减少户外运动事故的发生，从而构建户外运动俱乐部的安全系统，保障户外运动俱乐部的良好运作和长远发展。

第三节　社会职业技能培训培养模式分析

一、社会职业技能培训培养形式及特点分析

（一）社会职业技能培训中心的培养形式

"职业技能培训是劳动和社会保障工作的重要组成部分，承担着增强劳动者的素质和促进经济与社会发展的重任。"[①] 当前，我国各种职业技能培训中心具有方便、自由等特点，深受许多在职人员与想学一技之长的群体的青睐。社会职业技能培训中心培训的针对性较强，根据社会的需求培训各类职业人员。我国户外运动人才的培养也可充分利用这种培养形式。社会职业技能培训中心可根据报名人数的多少、报名者户外水平的高低来开设各种等级的户外运动培训班。培训班结束后，统一由当地体育局审核批准，对培训合格者颁发户外运动相关的各类资格证书，具有各等级户外运动资格证书的学员才能有资格进行更高一级的户外培训（比如初级户外运动指导员可报中级户外运动指导员），但不能跨级参加培训。此类培养形式只局限于对初、中级的户外运动人才以及业余户外运动人才的培训。

（二）社会职业技能培训中心的特点分析

社会职业技能培训中心形式的优点是：培训时间自由，可以利用培训者的业余时间进行，为所在地区的一些在职户外运动参与者与户外运动爱好者提供了方便与机会；减少国家对户外运动人才培养资金与精力的投入；把培养户外运动人才的权力下放到全国的各个省、市、县，有利于各地区户外运动的发展与普及；有利于户外运动在我国各个地区的平衡发展；有利于及时缓解各地区所需户外运动人才的压力。

---

① 姜树杰、李炜、侯晓静. 加强完善社会职业技能培训机制的研究［J］. 天津职业院校联合学报，2016，18（2）：46.

二、社会职业技能培训培养模式的价值探索

2021年4月，全国职业教育大会创造性地提出了建设技能型社会的理念和战略，提出加快构建面向全体人民、贯穿全生命周期、服务全产业链的职业教育体系，加快建设国家重视技能、社会崇尚技能、人人学习技能、人人拥有技能的技能型社会。2021年12月，人力资源和社会保障部、教育部、发展改革委、财政部联合印发《"十四五"职业技能培训规划》，明确指出推进技能型社会建设，全面实施技能中国行动，进一步完善劳动者终身职业技能培训制度。在当前大力倡导建设技能型社会的时代背景下，强化职业技能培训，更多、更快地培养技术技能人才，是提升国家核心竞争力的重大战略举措。

（一）奠定人人拥有技能的实践基础

人人拥有技能是技能型社会的基本特征，在全国范围内开展大规模的职业技能培训，首要就是要为全体公民学习技能创造更丰富的机会和条件，为实现人人拥有技能的技能型社会建设目标奠定坚实的实践基础。

第一，实施职业技能培训凸显了国家重视技能的政策导向。技能型社会建设是一项全民事业，不仅需要全体公民的积极参与，更需要社会各界力量的大力支持。从加强统筹规划和组织领导等多方面，对各地区各有关部门提出了实施保障的具体工作要求，充分体现了开展职业技能培训在技能型社会建设进程中的重要地位和特殊意义，也凸显了国家高度重视技能的政策导向。由此，全社会将凝聚起人人学习技能、社会各界大力支持技能型社会建设的共识，并在政府的主导下协同行动，进而从整体上加快技能型社会建设的步伐。

第二，实施职业技能培训为人人学习技能创造了必要条件。人人学习技能是人人拥有技能的逻辑前提。只有为每位公民创造接受职业技能培训的机会和条件，人人拥有技能的技能型社会建设目标才有实现的现实可能。我国实施职业技能培训，正是为广大人民群众接受职业培训创造了条件。在政策层面，国家明确了建设技能型社会，开展大规模职业培训的导向，拨出专款组织实施职业技能提升行动，鼓励支持企业、社会资源依法参与职业技能培训；在机制层面，国家推动建立终身职业技能培训制度，着力健全职业技能培训共建共享机制，为人人学习技能提供基本的保障条件；在措施层面，国家实施青年专项、退役军人、农村转移劳动力等职业技能提升计划，开展技能帮扶工作，加强创业培训和新业态、新模式从业人员技能培训。

可见，在国家的政策引导和决策部署推动下，我国正在建立多维度、立体化、全局性的现代职业培训体系，为人人学习技能创造了必要条件，也为人人

拥有技能奠定了坚实的实践基础。

（二）提升劳动者群体的技能素质

在推进技能型社会建设过程中应遵循以人民为中心的理念和原则，时刻将提升劳动者群体的技能素质、就业质量以及收入水平摆在突出位置。实施职业技能培训，正是提升劳动者群体素质、帮助劳动者实现高质量就业和快速增收的有效举措。

第一，实施职业技能培训，有利于提升劳动者群体的就业技能。近年来，随着我国职业教育的持续发展，全国劳动者队伍中的技能型人才占比不断提升。但总体而言，技能型人才占总人口比重仍然较小，尤其是高技能型劳动者的数量偏少。主要有以下两个原因：①大量劳动者缺乏掌握职业培训的机会；②大量劳动者缺乏明确的职业发展方向。对此，通过政策供给、机制构建、制度设计、设施完善，在全社会范围内实施大规模的职业培训，可以为广大劳动者接受职业技能提供更加便利的条件，从而有利于在整体上提升劳动者群体的就业技能。此外，在国家政策指导下开展的职业技能培训，是依据市场供需状况，对接国家经济社会发展战略、产业发展规划来确立职业培训领域、项目和重点，这为广大劳动者指明了市场紧缺的技能类型，帮助劳动者树立职业发展的信心，有利于充分调动广大劳动者接受职业培训的积极性。

第二，实施职业技能培训，有利于提升劳动者群体的综合素质。现代产业生产中，技能与知识密不可分，各项就业技能都与科学知识、生产知识紧密相关。实施职业技能培训，在强化专业技能教育的同时，也必须辅之以科学知识和生产知识教育。在职业培训过程中，劳动者不仅能够习得职业技能，也能够提升文化素质。除此以外，为了使劳动者在实际生产情境中能够更好地应用技能，还需要对劳动者进行职业意识、职业态度、职业道德、职业习惯的培养，使其具备良好的品格、态度和作风，促进其综合素质的提升。

（三）缓解社会结构性就业矛盾

当前，我国社会的结构性就业矛盾比较突出，并将在一定时期内持续存在。在全社会范围内实施大规模职业技能培训，能够有效帮助不同就业困难群体获得新的就业技能，寻求新的就业岗位，有利于优化社会就业结构，促进社会整体就业率和就业质量的提升。

第一，实施职业技能培训，能够帮助高等教育人群增强就业竞争力。当前结构性就业矛盾已成为我国就业领域的主要矛盾，主要原因是部分劳动者的知识技能难以适应现代产业的发展需求变化，就业难度加大。尤其是在高等教育普及化发展导向下，高等教育受众规模不断扩大，高校的教育教学模式、专业设置、资源配置等方面却在一定程度上与市场需求、生产实践相脱节，导致一大批高学历的求职者难以在人才市场中找到满意的工作岗位。在全社会范围内广泛开展职业技能培训，可以帮助高学历人群认清自身的技能"短板"，重新确立职业定位，并通过系统的职业技能培训掌握市场真正需要的技能，增强自身的就业竞争力，进而实现顺利就业。与此同时，随着工作经验的增加，高学历人群可以通过接受职业培训再教育，成长为具有高文化知识水平和高技能的"双高"型人才，为推动经济社会高质量发展做出更加突出的贡献。

第二，实施职业技能培训，能够帮助低技能劳动者重新适应就业市场。我国社会的结构性就业矛盾，突出表现为产业转型升级的宏观背景下，大量低技能劳动者的能力素质跟不上产业生产实践的发展步伐，面临无业可就的尴尬局面。我国社会中的低技能劳动者，大部分是就业市场上处于弱势地位的人群，如大龄或长期失业者、低学历劳动者、身体残障人士等，他们通常没有接受完整的学历教育，文化水平偏低，就业技能较为初级，以体力劳动为主，在劳动力市场中的可替代性高。实施职业技能培训，广大低技能劳动者群体可以在付出较低成本的情况下，接受有市场需求的职业技能培训，在实现职业技能进阶的同时，还能够掌握一定的文化知识，实现职业素养的提升，使自身的能力素质适应现代企业岗位的用人要求。

（四）推动我国经济的高质量发展

当前我国经济已经由高速增长阶段进入到高质量发展阶段，实施职业技能培训，可以从盘活存量与做优增量两个方面，发掘我国人力资源潜力，推动经济高质量发展。

第一，实施职业技能培训，有利于盘活我国人力资源存量。受产业变革、市场变化、职业变迁等因素的影响，目前还有不少劳动者未能实现稳定就业和高质量就业，存量人力资源尚未得到充分释放。实施职业技能培训，可以从两个方面盘活我国的存量人力资源：①通过职业技能培训可以帮助失业劳动者习得就业技能，重返工作岗位，释放出潜在的人力资源价值；②通过广泛开展职业技能培训，向社会提供大量的再教育机会，为在职劳动者实现职业转换创造条件。具有职业技能进阶需求或计划转换职业岗位的劳动者，可以根据个人的职业发展意愿选择相应的职业培训，由此就能更充分地调动劳动者自我发展的积极性，释放出新的人力资源价值。

第二，实施职业技能培训，有利于我国人力资源增量。当前，社会人力资源增量的来源主要有两个渠道：①高职院校、普通本科院校的毕业生；②中等职业学校、普通高中的毕业生。职业技能培训作为全日制学校教育的重要补充，能够为我国的新增劳动者提供附加教育渠道，优化我国增量人力资源的素质结构。此外，社会增量劳动者大多处于青年期，自我发展意愿强烈、求知欲旺盛，通过大规模职业技能培训，可以将我国经济体系中产生的新职业、新技术、新业态、新模式传输给增量劳动者，使其成为新经济的"探路者"和"冲锋队"，推动我国经济的高质量发展。

三、社会职业技能培训培养模式的实施对策

（一）营造劳动光荣、崇尚技能的社会氛围

建设技能型社会、开展职业技能培训是一项涉及全民的宏大工程，需要在全社会统一认识，形成实施推进合力。为此，需要营造出劳动光荣、崇尚技能的社会氛围，使社会各界从思想上到行动上与国家政策导向保持高度一致。

第一，大力加强国家政策方针的宣传。从中央到地方的各级官方媒体，要切实承担起职责，大力宣传国家出台的相关政策，引导社会各界为营造劳动光荣、崇尚技能的社会氛围贡献力量。同时，要引导社会性媒体、新媒体跟进报道宣传职业技能培训的案例和政策，让社会各界、人民群众充分了解技能型社会建设的政策内容。此外，各级政府要引导官方媒体、民间媒体制作图文、视频、音频等多种形式的政策汇编、解读，以人民群众喜闻乐见的方式宣讲职业教育的相关政策，提高职业技能培训政策的宣传成效，激发广大人民群众学习技能的热情。

第二，大力弘扬劳模精神、劳动精神、工匠精神。我国文化宣传部门应加大资金资源投入力度，集中力量制作一批以赞扬全国劳模、大国工匠为主题的文艺作品，大力宣传劳动模范和其他典型的先进事迹，引导广大群众树立辛勤劳动、诚实劳动、创造性劳动的理念。在此基础上，文化宣传部门可以会同财政部门，拨出专款扶持各类文化创意企业创作弘扬劳模精神、劳动精神、工匠精神的文艺作品，形成政府统筹引导、社会多元参与的大宣传格局。同时，全国各地的职业学校、行业企业、社会性培训机构等相关主体，也应在人才培养、职业技能培训等相关工作中，加大对劳动模范和先进技能工作者的宣传力度，积极传播和普及劳模精神、劳动精神、工匠精神，把劳动教育纳入人才培养全过程，促使劳动者将劳动精神内化于心、外化于行。

（二）建设全覆盖的终身职业技能培训体系

构建终身性职业教育体系是我国职业教育现代化发展的重要方向，也是我

国实施人才强国战略的重要组成部分。技能型社会建设背景下实施职业技能培训，必须着力构建覆盖全民的终身性职业技能培训体系。

第一，加快建设国家学分银行。建设国家学分银行不仅能完善职业技能培训的人才评价环节，还可以为公民积累学习成果奠定坚实的制度基础，不断激励劳动者终身学习。在职业技能培训领域加快国家学分银行建设要注重以下几点：①加强立法工作，从法律层面为各级各类职业技能培训学习成果的认证、积累和转换提供法律保障；②研究制定统一的职业资历与标准框架，形成统一的标准参照系统，实现职业培训学习成果认证、积累和转换的标准化；③搭建全国统一的国家学分银行信息管理平台，完善公民学习账号管理制度和功能。

第二，丰富职业技能培训的内容和形式。劳动者广泛分布于各行各业，劳动者个体的身心特征不同、文化程度不同、能力素质不同、发展诉求也不同，构建覆盖全民的终身性职业技能培训体系，丰富职业技能培训的内容和形式是必然要求。一方面，各级政府应当积极引导各类职业技能培训机构，明确职业技能培训的公益属性，设立专款，加大投入，鼓励和扶持各类职业技能培训机构面向社会弱势人群、边缘性劳动岗位，扩大职业技能培训的覆盖面；另一方面，各类职业培训机构要树立良性竞争意识，主动寻求差异化发展，针对社会职业技能培训中的"堵点""痛点""盲点"开发培训课程、教材等，不断丰富职业技能培训的内容，更好地满足全社会的职业技能培训需求。

第三，扩大全社会的职业技能培训规模。建设技能型社会是面向全民且需要全民参与的宏大工程，要保证每一位公民都有机会参与进来，就必须建立规模足够大的职业技能培训体系。对此，各级政府要充分发挥政策制定、资源配置和组织协调职能，加大整合各类培训资源，增强培训产品和服务的供给能力，鼓励支持社会力量参与职业技能培训项目建设：①引导各类职业学校加强自身职业培训能力建设，整合教学资源，积极开发职业培训项目，面向社会大众提供优质的职业技能培训服务；②面向企业建立奖补制度，给予积极面向社会提供职业技能培训的企业奖励和补助，激励其扩大职业技能培训规模；③对于社会性职业培训机构，可以按照其培训人次与成效给予适当的补助或者采用政府购买的方式，鼓励其在保证质量的基础上向更多劳动者提供更优质的职业技能培训服务。

（三）实施社会职业技能培训质量提升行动

培训质量直接关系着职业技能培训的实施成效。面向技能型社会建设，实施大规模职业技能培训，要重点从实施职业技能培训质量提升行动、加快职业技能培训基础设施建设两个方面来强化培训质量保障。

1. 实施职业技能培训质量提升行动

（1）各级各类职业技能培训机构要树立质量意识，高度重视培训质量管理工作，把质量管理融入职业技能培训的各个环节。一方面，主动对接产业链发展，突出高技能人才培训、产业紧缺人才培训、安全技能提升培训等，面向人工智能、大数据、云计算等新产业加大培训力度，同时聚焦育婴师、老年护工、社工等民生领域的人才培训；另一方面，校企联合开展企业新型学徒制培训，以"竞赛+"促进岗位练兵，完善竞赛培训体系，推动以赛领训、以赛促培。

（2）各级政府、教育部门、人社部门应联合制定适用于地方的职业技能培训质量监督管理制度，综合运用定期检查与随机抽检的办法，严格监督各级各类职业技能培训机构的质量。大力开展"职业技能培训提升行动质量年""技能人才评价质量年"等活动，开发职业技能培训信息管理系统，加强职业技能培训和评价的全过程巡查；制定实施职业培训学校管理办法，对承担补贴性培训任务的机构实行目录清单管理，动态更新，及时发布，为企业和劳动者提供优质培训资源；建立补贴资金直补企业、院校、培训机构和劳动者个人相结合的机制，将参训人员培训取证、培训后就业成功率和参训满意度等作为培训评价工作重要指标。

（3）各级政府应建立职业技能培训质量社会监督制度，鼓励社会各界积极监督职业培训机构的培训质量，对社会反馈良好、培训成效突出的培训机构给予奖励，反之则给予相应的警告或处罚。

2. 加快职业技能培训基础设施建设

（1）各级政府要加大经费投入力度，立足地方技能型人才队伍建设需求，集中力量建设一批公益性职业技能培训基地，重点面向急需紧缺的职业，加快开展新职业培训。加强就业重点群体培训工作力度，注重为城镇就业困难人员提供职业技能培训服务，不断拓宽未就业高校毕业生等青年群体的就业技能培训和创业培训。

（2）各级政府要引导和支持职业学校、行业企业共建一批生产性实习、实训基地，在设计上满足实习、实训基地培训和生产的双重功能，力求在满足在校学生实践教学需要的基础上，主动面向社会劳动者提供职业技能培训服务。

（3）各级政府可以采用给予适度补助、政策优惠等形式，对职业技能培训教材建设、职业培训开发应用、师资和管理人员培训以及职业技能培训公共服务平台建设运行等基础工作给予支持。鼓励行业企业、社会性职业培训机构建设部分培训基础设施，强化营利性职业技能培训服务的供给能力，向社会提供更多、更优质的职业技能培训服务。

（四）提升职业技能培训的精准性与有效性

确立市场导向，完善市场机制，是我国实施职业技能培训的基本要求。面对当前我国职业培训机构市场化程度不高、职业培训市场调节机制不健全等困境，政府应充分发挥宏观调控职能，从以下两个方面来提升职业技能培训的精准性和有效性。

1. 促进职业培训机构市场化发展

（1）以深化改革、推动高质量发展为导向，鼓励和支持有条件、有需求的公办职业学校加快混合所有制办学改革，提高市场化办学程度，贴近市场需求育人。

（2）进一步加大对民办职业教育的支持力度，强化政策供给，努力扩大民办职业教育资源，引导社会力量、非公资本创办职业技能培训机构，加强国内外职业技能培训机构的合作，通过市场化方式优胜劣汰，逐步建立具有中国特色的职业技能培训市场。

（3）加快职业技能培训体系建设，以政府补贴培训、市场化培训为主要供给，以就业技能培训、岗位技能提升培训和创业创新培训为主要形式，构建起资源充足、布局合理、结构优化的职业技能培训体系。

2. 健全职业培训市场调节机制

（1）各级政府应建立地方技能型人才供需状况报告制度，定期调研区域产业发展状况、劳动力市场人才需求以及技能型人才供给情况，充分整合分析信息，形成地方技能型人才供需报告，为地方技能型人才培养提供决策支持，并及时向社会公布，引导各级各类职业培训机构调整自身的业务方向和经营策略。

（2）各级政府应加强对职业培训市场的监督管理，系统建立职业培训机构审批程序和监管机制，密切关注地方职业培训市场信息，对于职业培训机构盲目跟风开发的职业技能培训项目，应及时公开发布预警提示；对于职业培训市场上出现的不正当竞争、恶性竞争等行为，要及时发现并予以纠正，通过严格监管、规范职业培训机构的经营行为，维护和稳定职业培训市场秩序。

第六章 户外运动人才特殊培养模式分析

第一节 基于 ERG 理论的户外运动人才培养模式

伴随着社会生产力的快速发展，大众也从物质层面的需求转换为对精神层面的需求，一切可与精神耦合而促进其进阶的感受均成为大众瞩目的焦点。

时至今日的户外运动历经物质层面与精神层面的反复糅杂，最后巧妙地与体育耦合。随后在与体育相生的过程中，户外运动一直搭乘着体育发展的"便车"，不仅吸纳了体育赛事体系，还逐步将体育产业体系转换为独具户外特色的户外运动产业体系，并形成覆盖教育、旅游、科考、探险等多领域的产业生态链。但是，户外运动的快速发展并未得到社会对于体育的同等态度。作为社会人才重要交互环节的高等教育应担负起建设户外运动专业化教育体系的责任，并构建与社会需求切实接轨的专业人才培养模式，为户外运动产业链条在更加多元融合、协同发展的路径上打好坚实的基础。

一、高校户外运动人才培养的背景

高校开始关注户外运动专业，主要源自社会对教育的反作用力。高校将户外运动纳入体育专业进行课程开设是受体育介入户外科考探险的影响，并不是像田径、篮球、网球等项目自进入教育场域环境中就以教学为目的广泛开展。因此，辅助户外科学探险的野外生存技术及部分专业科考技术成为保障户外运动参与者在自然环境中人身安全的重要保障。这些技术由于在熟练掌握过程中与体育项目的训练具有相似性，因此渐渐从辅助科考技术独立成为以竞技、娱乐等多元目的为视角开展的运动单项。越来越多的户外专业技术在此发展路径上不断被挖掘出来，便促成了户外科考探险与体育的"联姻"，进而衍生出户

· 147 ·

外运动。

作为因体育结缘户外运动的体育院校或具有独立体育学院的院校，在开展户外运动专业教学时依然遵循体育教育教学模式，同时未充分分析户外运动与体育在人才培养上的差异，进而导致多数开设户外运动专业的院校教学成效欠佳，学生就业受阻。此外，户外运动未单列成体育学科下的独立专业，按照《普通高等学校本科专业类教学质量国家标准》，户外运动被列入休闲体育专业，同时还有多数院校将其设置于社会体育指导与管理专业之下。

基于以上背景，高校户外运动人才培养的重心仍然集中在户外运动到底是围绕专业技术开展，还是以体育为中心进行教学这两个核心问题上。明确高校对于这两个问题的认知，根据学校及区域、行业情况，确立以需求为导向的人才培养点，才是解决该问题的核心。故此，从需求视角出发，在依托马斯洛需求层次理论构建户外运动人才培养体系时，发现其理论的不可逆性，即马斯洛认为人的需求分为五个由低至高的需要层次，即生理需要、安全需要、社交需要、尊重需要、自我实现需要，且只有当较低级需要得到充分满足之后高一级的需要才会得到满足。沿着马斯洛理论进一步探寻，发现奥尔德弗所提出的ERG 需要理论是基于马斯洛需求层次理论的改良，他提出了"受挫—回归"思想。ERG 理论则指出，一个人在某一更高等级的需要层次受挫时，作为替代，他的某一较低层次的需要可能会有所增加。从户外运动人才培养认知问题上来看，以奥尔德弗 ERG 理论构建户外运动人才培养体系，可通过"受挫—回归"思想将人才分离为专业技能人才与行业综合人才，这样既强化了学生的专业技能，又能注重学生的个性发展，在专业人才输出时专业口径也因人才能力的划分而随之打开。

二、ERG 理论融入高校户外运动人才培养模式

ERG 理论源自马斯洛的需求层次理论，奥尔德弗出于人本主义需要理论而将马斯洛需求层次理论的内涵扩展、层次简化，并将其划分为生存需求（Existence）、关系需求（Relatedness）和成长需求（Growth）。同时，奥尔德弗根据"受挫—回归"思想将马斯洛需求层次理论的五个层级的上升式发展方式打破，提出当人受挫时会回归原层级，并扩大在原层级的需求，以备再次上升至更高一层级。因此，他进一步提出需要满足、需要加强、需要受挫三个概念，这三个概念突出了 ERG 理论与马斯洛需求层次理论对于个体差异的关注度。马斯洛需求层次理论更加强调层级之间需求的连贯性，而 ERG 理论更加关注需求之间的相关性。ERG 理论确定了与激励密切相关的具体需要及其层次结构，这在满足需求并设定与其需求相关联的成长性上更能给予人激励。

ERG 理论引入高校户外人才培养模式的基础是建立理论繁育的"土壤"，也就是说要给 ERG 理论建立场域，并且根据其理论的逻辑构建对应的模式框架。在以 ERG 理论为框架建立人才培养模式时要充分研判双向需求对培养模式的直接影响，明确输出口需求，从而掌握行业、市场形势，形成对人才需求的客观评价标准，进而根据标准规划人才培养模式。另一方面的输入口需求，则要充分考虑"教"与"学"："教"是指教师，"学"是指学生。

教师在输入口需求中对人才培养的成功与否起着决定性的作用，教师的教学理念是否融合了 ERG 理论是给学生制造学习场域的关键因素。教师在掌控学生学习情况的过程中，对照客观需求标准将需要满足、需要加强、需要受挫融入培养模式里，能够清晰地判断学生的学习达标效果，从而根据标准适时调整教学方式，并为学生构建相应的学习场域。从学生层面来看，以 ERG 理论搭建的人才培养模式能将学生的优势有效地展现出来，并进一步强化。在进阶式培养中学生的特长得到了充分展示，"受挫—回归"的往复能让学生明晰个人竞争力的所在，也能够促使学生不断强化个人特长，使其在匹配输出口需求中独树一帜。

（一）生存思维强化技能形成

生存思维是整个 ERG 理论的核心与根基所在。生存思维的建设关乎整个人才培养模式的导向，它不仅是塑造人才培养模式场域的原动力，也是形成人才培养质量监控闭环体系的起终点。以高校户外运动人才培养模式的视角来看生存思维，它必须是以社会对于户外运动的需求为导向，坚持普适性与特殊性共存的理念，建立既能助力特殊性不断成长，也能保证普适性不断发展的人才培养模式。同时，要正确看待外部"受挫—回归"的循环，"受挫—回归"是让学生不断发现自己的过程，在一次次磨砺中确定自身发展方向，找寻匹配自身特长的结合点。

（二）关系逻辑引导多元汲取

关系逻辑层面是对生存层面特殊性的深化。特殊性通过生存层面的培育，在关系逻辑层面开始逐渐崭露头角。该层面是人才培养的综合开发阶段，它是以户外运动在社会中的多元存在形态为视角，坚持多学科交叉、多领域碰撞的构建理念，建立以户外运动相关产业为需求导向的人才培养路径，强化特殊性在该层面的培养广度。该层面还是户外运动人才培养模式中发展导向的关键点，人才培养模式的动态调整均出自该层面的未雨绸缪。该层面的"受挫—回归"是划分技术型与管理型的分界点，同时也是突出学生特长的塑造层面。

（三）成长发展助力职业规划

成长发展层面是特殊性的提质层面，也是特殊性的职业化层面。该层面是人才培养完全从专注技术形成转换为专注职业发展的层面，是以培养户外运动行业管理人才为核心的。该层面不再关注户外运动产业，而是关注户外运动的产业链，更加集中于管理运营人才的培养。该层面是户外运动人才培养模式的特色点，它所具有的特殊性使其突破了人才培养模式的构建范围，但是它与生存层面、关系层面的紧密联系，使其成为构建高校户外运动人才培养模式中不可或缺的部分。因此，该层面在高校户外运动人才培养模式中可作为人才培养预期的宏观规划，以及创新培养模式的先决思考。

ERG 理论引入高校户外人才培养模式能使学生明晰户外运动在社会的价值点，从而使学生自发地在内心建立起对户外运动专业技能、理论等相关知识学习的重视，强化学习效果。将"受挫—回归"理念设置在人才培养模式的外围，能充分挖掘学生特长，助力学生竞争力的提升。同时，ERG 理论在构建户外运动人才培养模式中，由于将社会需求始终作为人才培养模式场域的构建基础，因此它能确保将社会需求与评价转化为人才培养质量监控体系，强化人才培养的有效性。

第二节　社会需求导向下的户外运动人才培养模式

目前，在我国户外行业中，以户外运动俱乐部为代表的经营实体已发展为中坚力量，也是目前高校户外运动专业人才的主要就业渠道。这就要求户外运动专业人才的培养要贴近社会需求，注重对学生实践能力和职业能力的提升。因此，可以将以社会需求为导向的户外专业人才培养模式界定为：以市场为导向，以人才需求规格为标准，以在户外运动行业（主要指户外运动俱乐部、户外体验式培训企业、地方登山户外协会/社团等，不包括户外运动用品制造领域）直接就业（或创业）为导向的高等学校人才培养模式。

人才培养模式是一定教育机构或教育工作者群体普遍认同和遵从的关于人才培养活动的实践规范与操作样式，它以教育目的为导向，以教育内容为依托，以教育方法为具体的实现形式，是直接作用于受教育者身心的教育活动全要素的总和。

关于人才培养模式的要素构成，主要涉及三个方面的问题：一是培养什么人；二是如何组合各个培养阶段，培养的主要内容是什么；三是怎样培养人。第一个问题涉及人才培养目标、培养层次和培养规格；第二个问题主要涉及课程计划和教育内容；第三个问题主要涉及培养途径和教育方法。其分别对应目的要素、内容要素和方法要素，由此构成了户外专业人才培养模式的核心要素。

一、社会需求导向下户外运动人才培养模式的核心要素

（一）目的要素分析

从总体上看，我国高校对于户外专业人才培养规格的定位主要以应用型、复合型高级人才为主，兼顾行业管理部门职员、中小学体育教师、户外领队、拓展培训师、户外运动赛事组织者等多个岗位，培养在体育及相关行政管理部门、企事业单位、社会团体等组织机构中从事管理、策划、项目设计与开发、教学、培训等相关工作的综合型人才。

但通过对高校户外专业人才培养规格定位与市场需求之间的比较研究发现，二者之间不存在显著的一致性。综合分析我国高校户外专业人才培养状况发现，目前我国高校户外专业人才主要定位于专职领队、拓展培训师及户外教师，而目前户外市场对于高校专门人才的主要需求定位为经营管理人才、销售人员及市场推广人员，对于领队及培训师等技术技能型人才的需求一般采取招纳社会兼职人员的方式。

人才结构特征方面，在户外专业人才培养的知识要素、素质要素上，高校与户外市场需求的一致性检验结果并不显著，而技术要素与能力要素的一致性检验结果显著性良好。通过进一步分析可以得出，我国高校户外人才培养仍然以体育学科知识为基础，辅以运动生理学、体育保健学等健康保健类知识，对于经管类学科知识、职业规范与职业道德及地质学、动植物学等相关学科重视不够；各培养单位普遍重视学生的专业技术、技能，毕业生在技能领域能够胜任户外行业的要求；在素质领域，则反映出各院校对于学生的责任心、服务意识的培养还不够。

（二）内容要素分析

教育内容是为实现教育目的服务的，一般以课程的形式体现。目前，我国户外专业人才培养的课程结构依循国家规定，由通识教育课程、专业基础课程、专业主干课程、实习实践环节和专业选修课程五部分构成，每个部分的学时、学分比例亦相对固定，课程的刚性较强，学生自我选择的余地较小。户外

运动人才培养分布于社会体育专业、休闲体育专业等国家规定的招生专业目录中，由于专业不同，专业基础课程、专业主干课程有所区别，形成了"专业课程体系+户外运动项目"的户外运动人才培养的课程结构。

在课程内容上，目前我国户外运动专业人才培养课程中共同的内容要素有露营、徒步、绳索技术、攀岩、定向运动、拓展训练等几个部分，基本上可以将其确定为核心技术能力课程；另外，多数院校增加了山地自行车运动、水上运动项目内容，作为专业选修课程；少数院校根据院校优势，发展特色项目，例如贵阳医学院的山地救援、探洞课程，中国地质大学（武汉）的登山运动、滑翔伞运动课程，广州体育学院的走扁带课程等，都是这些学校的特色优势课程。但无论是社会体育专业、休闲体育专业，还是各专业户外运动方向，都与《全国高等学校体育教育本科专业指导性专业规范》基本一致，并未脱离体育教师的培养范式，是体育学科导向下的学术定向培养模式。

（三）方法要素分析

综合分析我国各高校培养方案和教学大纲可以得出，目前在户外运动人才培养的教学方式和方法领域，传授知识性内容和技术性内容时，依旧主要采用接受模式，在传授实践性内容时，主要采用经验模式和探究模式相结合的方式；在组织形式方面，均以班级授课制为主，第二课堂为辅，普遍搭建了实践能力培养平台，鼓励学生参与运动队训练与比赛、学生户外社团、社会兼职活动等，发展学生专业实践能力；在实习实践环节方面，技能实训基地数量普遍集中于3~5家，基本以户外俱乐部、拓展公司为主，部分高校采用教育实习或者自主实习的方式。

二、社会需求导向下户外运动人才培养模式的构建

（一）培养模式核心系统构成

高校户外专业人才培养模式是多年来各个高校在教育教学实践中归纳和概括出来的。鉴于人才培养模式是一个相对复杂的系统，受多种因素限制，且各个学校在人才培养的操作层面上形式各异，因此在前期理论研究和实践调查的基础上，提出了以目标、内容、方法三个要素为主的户外专业人才培养模式核心系统。该核心系统为一个层级链式结构，是在户外专业人才培养指导思想的引领下，从目标定位、内容建构、方法选择三个层面为高校户外专业人才培养提供了一个动态的过程。

（二）双重目标复合型人才的定位

培养目标的确定是高校人才培养的逻辑起点，对其进行准确的定位是人才培养的关键。户外运动项目作为大众体育目，其专业人才是以社会市场为导向的，因此"培养适应社会的作用型人才"是户外专业人才培养的价值标准，也是高校户外专业人才培养的出发点和归宿。社会需求导向下的双重目标复合型人才是核心系统的第一个层面，即目标定位层面。它是根据户外行业的特点及目前就业市场的现状所呈现出来的，即培养以社会需求为导向，以组织管理型和专业技能型两种不同的类型为目标的复合型人才。

（三）"平台—模块"式课程内容结构体系

"平台—模块"式课程内容结构体系是核心系统的第二个层面，即内容建构层面。它包括两个既相互独立又相互支撑的系统，分别是综合实践实训平台和分层递进课程模块。综合实践实训平台是以综合能力、职业素质培养为目标，以实践教学为核心，以学生自主参与为主要形式，通过学校搭建、教师指导，学生自主策划、组织和参加户外、野外生存、拓展、攀岩、定向等不同户外项目的实践工作，是户外专业人才提高专业能力和发展职业素质的路径。

分层递进课程模块为一个二元层级结构，是根据课程模块化的理念，同时分别按照社会需求导向和人才培养规律，把课程分为基础模块、提高模块和发展模块三个递进层次，分别与之对应的内容是户外基本技能、户外领队策略、活动组织管理。在基础阶段，以培养学生的户外基本技能为主，主要内容包括登山、营地生活技能、定向运动、素质拓展、绳索技能等硬技能；在提高阶段，以培养学生的户外领队技能为主，主要针对户外领队所需要的软技能，包括活动计划的制订与准备、沟通、判断与决策、团队管理、危险识别与紧急处理等；在发展阶段，以培养学生的活动组织管理技能为主，包括户外赛事、活动的组织与管理、风险管理、市场推广等内容。

（四）"目标—内容"双导向复合式教学方法

"目标—内容"双导向复合式教学方法体系是核心系统的第三个层面，即方法选择层面。它是以双重目标复合型人才的明确定位为目标导向，以"平台—模块"式课程内容为内容导向而形成的复合式教学方法体系，是实现户外专业人才培养的实际操作层面。它包括以活动为中心的参与式教学和以经验传递为主的传授式教学两个方法体系。

参与式教学以课程的实践部分及综合实践实训平台为依托，将学生放在实践教学活动的主体位置，充分应用灵活多样、直观形象的教学手段，使学生能深刻地领会和真切地运用所学的户外知识和技能。

传授式教学是户外运动中常用的教学方法，适用于户外知识、基本技术等信息、经验的传递。在学习攀岩、绳结、定向等户外硬技能时，这一传统教学方法效率高、实用性强。

第三节　校企合作人才培养模式
——以社会体育指导与管理专业为例

一、社会体育指导与管理专业校企合作培养模式的背景

近年来，高校体育专业招生规模持续扩张，体育专业大学生就业形势不容乐观，特别是社会体育指导与管理专业狭窄的就业渠道选择，导致就业率低，招生困难，学科专业建设面临一定的挑战。为解决这一问题，培养以企业需求为导向的应用型人才教育成为新时代高校教育改革的发展方向。建立学校人才培养与社会需求的有机链接，探索校企合作培养模式改革、机制创新和实训基地引起了国内外学界的高度关注，其中比较有代表性的，有德国校企合作的"订单式培养"、日本的"产学官"和法国的"学徒培训"等教育模式，在解决大学生就业危机方面提供了经验典范。

我国从 20 世纪 90 年代就开始涉足校企合作方面的探索性研究，在社会体育专业人才培养方面提出了诸如"订单培养""校企双制"等多样化办学模式，在一定程度上提高了学生的就业竞争力，但并没有切实解决其所面临的实际就业问题，校企合作中学校、企业、地方政府之间不明确的角色关系，使校企合作成为以利益博弈为支撑的合作关系，丧失了校企合作的办学初衷。

社会体育指导与管理专业作为一种理论与实践并重、更注重实践能力培养的专业，其校企合作程度将直接决定人才培养的质量。伴随着国家对体育事业发展的高度重视与民众对体育运动价值意义的深入了解，社会体育指导与管理专业优秀人才的市场需求呈逐年递增趋势。因此，探索校企合作背景下社会体育指导与管理专业人才培养模式，培养运动技能强、运动知识丰富、社会适应能力强的高质量社会体育指导与管理专业人才，是满足体育事业发展尤其是群众体育事业发展需求的重中之重。

二、社会体育指导与管理专业校企合作培养模式的重心

"校企合作是为培养德才兼备、理论与实践完美结合的社会所需人才，即以育人为主要目的。因此，无论是高校还是企业，在知识技能传递和实践能力培养的同时，要结合'立德树人'这一根本任务，使大学生成为德才兼备、德育为先的社会所需人才。"①

首先，高校要开设德育课程，并将之作为一门必修课予以考核，使大学生充分认识到德育的重要作用。其次，高校开设的体育专业课程，教学目标要遵循当前大学生体育核心素养的要求，除了设置运动能力、健康行为等教学目标外，更要设置切实可行、有配套评价体系的体育品德内容，使大学生在学习知识技能的同时努力提高道德品质。

三、社会体育指导与管理专业校企合作模式的角色关系

社会体育指导与管理专业的校企合作方式是以就业市场为引领、面向群众性体育活动的组织管理、经营开发、咨询服务及教学科研领域的人才培养模式。在这种管理主体关系中，主要是学校与企业签订合作意向书，忽视了政府的决策功能和法律法规制定的保障后盾。因此，根据社会体育专业人才培养特征，应重新厘定企业、学校、政府三者之间的角色定位关系，确定基于三方关系的校企合作模型，以便制定科学有效的实施路径。

社会体育指导与管理专业面对的就业市场是服务大众体育，在推进"健康中国"战略中将发挥重要作用，也是不可或缺的生力军，这就决定了社会体育指导与管理专业承担的社会责任和时代责任，形成了由学校、企业、政府共同参与治理的协作关系。在角色关系模型中，企业可以占据人力资源优势，增强体育服务产业市场的竞争力；学校给学生提供社会实践、锻炼学习的机会，为其更快地适应未来工作创造条件。

在校企合作关系中，学校和企业依靠的是市场机制，但社会体育教育按照市场规律来执行显然是行不通的，这就需要发挥政府调控的杠杆作用，营造校企合作的政策环境，在关系模型中发挥监督、协调、驱动功能，确立由政府、教育机构和市场共同主导的育人模式。

---

① 迟桂军，蔡建丰. 校企合作背景下社会体育指导与管理专业人才培养模式研究［J］. 青少年体育，2021（01）：100.

（一）企业角色定位

社会体育指导与管理专业人才培养校企合作的执行主体是企业，学校在这一过程中把自身的教育职能转嫁给企业，给学生提供实训学习环境，企业支付劳动报酬，并获取劳动力价值。从企业的角度，必须确保在利益最大化的基础上才能吸引更多的优质企业参与到校企合作中，这种互利共赢的环境和教学管理模式，为学校节约了大量人力、物力资本，同时解决了企业在技术、人才方面的困境。在校企合作关系中，企业承担了人才培养机构的角色，这就需要弱化企业在合作中的经济功能属性，追求服务水平的提质增效和市场竞争力的提高，以及社会责任和社会影响力的提高。良好的企业形象需要得到社会的认可，这些提供体育服务的企业只有积极参与到社会服务中，为学生提供就业扶持和培养服务，才能得到更高的社会印象评价，才能有助于改善企业形象。

（二）学校角色定位

提供社会体育指导与管理专业人才培养的学校是校企合作的主体构件，拥有良好的师资和科研优势，通过校企合作，在学校建立的与企业之间的利益博弈关系中，如果不能对自身角色加以正确的定位，就会形成一种极不协调的矛盾共同体。其具体表现在：企业为实现自身利益最大化，对学校人才培养的过度放大，或者只是为获取学校的廉价劳动力资源而参与；而学校过度放权，对校企合作教育链条缺乏干预，全权由企业"代理"培养，难以实现理想的育人目标。

社会体育指导与管理专业属于教育学类中的体育学类，应当得到高度重视和社会认同，但在校企合作实践中，缺乏对人才培养单位角色的准确定位，加上学校职能弱化形成的负面影响，造成一些学校正在削减招生人数，甚至面临专业淘汰的尴尬处境。因此，学校在校企合作育人模式中依然要发挥教育主导作用，完善社会体育指导与管理专业校企合作课程建设，按照人才培养目标设置课程内容体系，通过与企业合作了解就业市场，及时发现教育过程中存在的问题和不足，及时制订基于校企合作的课程调整方案、课时计划、课程目标，使培养的人能够真正同社会需求对接。

（三）政府角色定位

校企合作成为深化教育改革的指导性纲要。在出台的校企合作政策法规中，明确了政府的职能定位。政府要创造校企合作的法治环境，明确思想导向，为社会体育指导与管理专业校企合作提供坚强后盾，通过政策、信息、经费和人力支持，全方位权衡、协调与保障学校、企业的利益关系，成为校企合作的推动者、矛盾的化解者、利益保障与协调者的角色。发挥政府的监督与评估职能，对校企合作绩效进行量化，对培养效果较好的企业、学校或个人进行物质、精神奖励，确保社会体育指导与管理专业人才培养的校企合作制度顺利进行。

四、社会体育指导与管理专业校企合作培养模式的构建

（一）培养目标协商一致

高校以育人为目标，企业以利润为目标，两者目标的不一致极易造成人才培养的不完备。因此，在政府、高校、企业协同作用的机制下，统一培养目标并付诸行动是校企合作取得效果和保证质量的关键。因此，在校企合作背景下，开设社会体育指导与管理专业的高校，可以采用分层实习法，即一部分知识技能高、实践能力强、体育品德高的大学生先进行实习，而一些知识技能较差、实践能力较弱、需要继续加强学习的大学生，高校在接受较好的培养后，进入第二批实习名单。

高校分批次使大学生进入企业实习，既完成了高校对大学生综合能力培养的需求，又考虑了企业希望获得利润的需求，从而实现高校和企业共同、积极主动地培养大学生的综合能力。

（二）课程设置不断优化

政府、高校和企业要协同合作，共同为社会体育指导与管理专业课程进行合理设置。

首先，企业指明人才需求的主要方向，高校根据企业所需人才，设置企业需求的特色课程。其次，高校也要根据自己的实际情况，开发特色专业课程体系，积极建设与企业对接的实习项目，使大学生在高校能获得一定实践能力的培养。

（三）加强师资队伍建设

在校企合作下，既需要高校专业教师传递知识技能，又需要企业配备教师培养大学生的实践能力。因此，借鉴高校学生知识技能培养和实践能力培养以及师资队伍建设的经验，可以将"双师型"教师纳入社会体育指导和管理专业学生培养过程中。其具体措施包括以下几个方面。

第一，引入"双师型"教师培养体系，既有高校的知识技能教师，又有

企业的实践能力培养教师，并建立良好的管理制度，对教师的综合能力做好评价。

第二，做好高校专业教师的培训工作，既要鼓励其进入高校进行专业知识技能的学习、提升专业技能能力，又要鼓励其到企业中学习，提高其实践能力，从而不断提升高校教师的综合能力。

（四）校企协同共建基地

基地建设是校企协同培养大学生的重要物质基础，因此，高校和企业及政府都要注重基地建设，既要加大资金投入，完善场地设施等基础建设，也要投入大量资金完善技术和师资力量建设。同时，高校和企业要积极沟通，就人才培养方案、教学目标、师资水平、教学内容、教学评价等多个方面达成共识。不仅要积极与国内其他高校、企业共建实训基地，也要积极与国外高校、企业建立联系，建设海外基地，实现大学生跨国实践能力的提升，从而使大学生的各项能力得到进一步提升。

另外，高校要根据项目开展基地设施建设，使大学生能亲身体验这些项目，从而提升自身的实践能力。

五、社会体育指导与管理专业校企合作实践教学体系

（一）构建实践教学体系的意义

1. 有利于展现专业特色价值

通过对专业实践的分类，使过程管理规范化，教学评价多样化，打造全国知名的专业，使学生具有社会体育活动组织管理、运动健身指导、体育产业经营管理及实践与创新能力，具备在经营性体育健身企业的上岗能力。

2. 有助于提高学生实践能力

通过与企业的合作，学生能将所学知识运用到实践中，有利于学生了解最新市场导向，多方面锻炼学生的实践能力。学校与企业的合作教学，能够培养一专多能型人才，能够培养学生的知识分析能力、解决问题的能力以及创造性工作的能力，逐步提高学生的专业技能，从而提高学生的就业竞争力。

3. 有助于提高教师的知识与教学能力

通过与企业的合作，高等学校教师可以深入企业去学习、去体验，通过与企业一线人员的交流互动，将最新的实践理念引入课堂，实现理论与实践的结合，从而促进教学质量的提高。

（二）构建实践教学体系的路径

1. 建立校内、校外相结合的实践教学平台

建立多层次、多样化、多领域的校内、校外相结合的实践教学平台，一方面可以提升专业竞争力，另一方面能够使学生在实践中掌握知识、技能和方法，从而增强学生实际操作能力和就业竞争力。

2. 建立学校和企业双向教学的实践教学模式

学生将所学知识，运用到真实的实践环境当中，让学生自主完成各类项目与任务。建立多样化的实践教学内容，形式上可以采用个人与团队、集中与分散、校内与校外相结合的方式，通过校企合作，让学生将实践知识、社会需求以及职业取向结合起来，真正使学生做到学以致用。

3. 建立"共享型""学习型"师资队伍

鼓励学校的优秀教师深入企业进行学习，同时聘请企业的优秀员工作为实习实践的导师，真正实现学校、企业资源共享，合作共赢。加大教师培训力度，拓宽教师知识面，提升教师实践能力。师资水平是专业建设和培养方案实施的基本保障，教师的教学手段、创新意识、专业视野决定着其教学效果的优劣。

4. 建立多个维度的实践教学能力的综合评价体系

采用企业对学生的评价、教师对学生的评价以及学生对企业的评价、学生对教师的评价；采用客观与主观、定量与定性相结合的方式，围绕教师的教学能力，企业导师的指导能力，学生的操作能力、知识能力和素质等进行多维度综合评价。

六、社会体育指导与管理专业校企合作培养路径的创新

（一）学校要明确校企合作的办学定位

校企合作的办学定位决定人才培养目标、课程设置和实践教学效果。社会体育指导与管理专业培养的是为社会大众提供体育服务、体育经营管理、体育市场开发等方面的人才，人才培养要适应市场需求的不断变化，培养目标要根据市场需求进行动态调整。学校对于社会体育指导与管理专业课程设置要围绕专业特点、培养目标，来制订课程计划安排与实施方案，明确课程时数、授课顺序，充分考虑课程之间的衔接，并按照教育规律进行整体设计，帮助学生循序渐进地掌握专业知识技能，为校企合作打下良好的专业技术基础，提高学生的能力。

在具体的实践教学中，社会体育指导与管理专业要确定应用型人才的课程体系，围绕社会需求和学生就业需求建立校外实训基地，让学生能够零距离接触就业市场，使学生充分熟悉和了解就业现状，发现自己的不足，以便更快地适应未来激烈的竞争。

(二) 政府要建立校企合作教育协调机制

目前，政府在社会体育指导与管理专业校企合作中的作用不太明显，较少参与校企合作人才教育治理，校企合作规范性低，实施效果不理想。政府从管理层的角度，按照国家教育规划发展要求，为校企合作提供了健康有序的公共服务环境，完善办学机制，提升校企合作制度化建设水平；加强舆论宣传，为社会体育指导与管理专业人才培养营造良好的社会舆论环境；同时，通过完善对合作企业税收、信贷、知识产权保护等方面的激励机制，吸引更多的优质体育企业主动参与到校企合作建设当中，提升合作的标准化层次水平，规范学校、企业双方的行为，维护双方的共同利益。

为评估校企合作的育人效果，调动学生主动参与的积极性，可以制定社会体育专业校企合作资格证书制度，建立实践技能等级鉴定标准，达到等级认定标准的方能准予结业。为了保障这些工作开展路径的顺利实施，需要建立校企合作教育协调机制、多渠道经费保障机制，政府成立专业协调委员会、合作创新研发中心，由政府专业人员或聘请高校相关专家直接参管，专门处理社会体育指导与管理专业校企合作过程中的问题与矛盾纠纷，建立学校与企业之间长期、稳固的合作关系，不断提高政府的校企合作制度供给能力。

(三) 企业要完善校企合作课程开发

社会体育指导与管理专业人才培养的校企合作模式对合作企业提出了更高的要求，企业不仅要提供实训岗位，还要承担教育培养责任，学校所选择的合作企业必须具备完善的合作课程体系，明确的教学计划、教学内容、教学目标，规范的课程设置，这样才能达到理想的育人效果。因此，学校与企业合作培养人才的方式，需要学校全面考察企业的实际情况，是否具备这些条件，能否达到学校人才培养方案制定的教学目标，能否实现学校课程与校外实训实践课程的有机过渡，这对合作双方都提出了较高要求。

为提高社会体育专业人才培养质量，在校企合作课程开发中要以企业需求为依据，即确定以就业为导向的课程体系，学生自入校就可以与企业达成培养合作意向，学生管理、学生能力培养由学校和企业联合进行，为高质量的社会体育指导与管理专业人才输出奠定基础，从学校层面解决学生的就业难题。

参考文献

［1］陈杰. 体验式教学模式在高校体育教学中的应用［J］. 运动精品，2021，
40（02）：11-12.

［2］陈志坚，董范. 户外运动教学体系的研究［J］. 武汉体育学院学报，2006
（06）：106-108.

［3］迟桂军，蔡建丰. 校企合作背景下社会体育指导与管理专业人才培养模式
研究［J］. 青少年体育，2021（01）：100.

［4］李丹，王世强. 校企合作模式下社会体育指导与管理专业实践教学体系的
路径研究［J］. 当代体育科技，2019，9（34）：63-64.

［5］刘华荣. 户外运动组织与管理［M］. 武汉：中国地质大学出版社，2020.

［6］刘苏. 我国户外运动法律规制模式研究［J］. 武汉体育学院学报，2011，
45（04）：33-38.

［7］温朋飞，王梦花. 户外运动产业发展研究［J］. 科学大众（科学教育），
2018（03）：140.

［8］向武军. 阳光体育视域下户外运动发展研究［M］. 长春：吉林大学出版
社，2020.

［9］杨晨飞，但懿. 基于 ERG 理论的高校户外运动人才培养模式研究［J］.
体育科技文献通报，2020，28（09）：62-64.

［10］张勇，王钰，胡好，等. 中国户外运动发展的历史及趋势［J］. 商丘师
范学院学报，2017，33（03）：90.

［11］张玉萍. 定向运动发展趋势及现代训练模式特色创设路径［J］. 当代体
育科技，2022，12（26）：36-39.